校企合作模式与人才培养探究

魏宏钰 ◎ 著

吉林出版集团股份有限公司
全国百佳图书出版单位

图书在版编目（CIP）数据

校企合作模式与人才培养探究 / 魏宏钰著 . -- 长春：吉林出版集团股份有限公司, 2024. 12. -- ISBN 978-7-5731-6112-3

Ⅰ . G718.5

中国国家版本馆 CIP 数据核字第 2024S5R447 号

校企合作模式与人才培养探究
XIAOQI HEZUO MOSHI YU RENCAI PEIYANG TANJIU

著　　者	魏宏钰
责任编辑	宋巧玲
封面设计	吴东东
开　　本	710mm×1000mm　　1/16
字　　数	200 千
印　　张	10.5
版　　次	2025 年 1 月第 1 版
印　　次	2025 年 1 月第 1 次印刷
印　　刷	天津和萱印刷有限公司

出　　版	吉林出版集团股份有限公司
发　　行	吉林出版集团股份有限公司
地　　址	吉林省长春市福祉大路 5788 号
邮　　编	130000
电　　话	0431-81629968
邮　　箱	11915286@qq.com
书　　号	ISBN 978-7-5731-6112-3
定　　价	63.00 元

版权所有　翻印必究

前 言

教育作为社会进步和发展的重要支柱，承载着培养人才、传承文化、创新科技等重要使命。在当今这个日新月异、竞争激烈的时代，学生不仅需要掌握理论知识，更需要具备实践技能和创新能力。因此，学校教育应与企业深度合作，构建一种紧密互动的校企合作模式，培养应用型人才。校企合作是一种创新的教育模式，通过学校和企业之间的深度合作，共同培养符合市场需求的高素质人才。这种模式不仅可以为学生提供更多的实践机会，增强他们的实际操作能力，还可以使企业更好地融入教育体系，为人才培养贡献自己的力量。一方面，学校可以通过与企业的合作，引入更多的实践资源和教学素材，丰富课堂教学的内容和形式。同时，学校可以借助企业的技术和资源优势，开展各种实践教学活动，从而提高学生的实践能力和创新能力。另一方面，企业也可以通过与学校的合作，更好地融入教育体系，共同制订人才培养方案，使教育更加贴近市场需求。同时，企业可以通过与学校的合作，发掘和培养优秀的人才资源，为自己的发展注入新的活力。在经济全球化和知识产业化的背景下，校企合作已经成为教育领域的热点话题。这种模式不仅可以提高人才培养的质量，还可以促进学校与企业的共同发展。因此，我们应该积极推动校企合作的发展，为社会的进步和发展做出更大的贡献。

本书第一章为校企合作概述，分别介绍了校企合作的内涵与特征、校企合作的内容和原则、校企合作的发展历史、校企合作的理论基础四个方面的内容；第二章为国内外校企合作人才培养基本模式，主要介绍了两个方面的内容，依次是国外校企合作人才培养基本模式、国内校企合作人才培养基本模式；第三章为校企合作模式的创新——现代学徒制，分别介绍了四个方面的内容，依次是现代学徒制概述、现代学徒制课程体系、现代学徒制的实施、现代学徒制合作协议；第四章为校企合作模式的创新——混合所有制，依次为混合所有制概述、混合所有制改革面临的挑战、开展职业院校混合所有制改革三个方面的内容；第五章为校企合作模式下人才培养创新实践，主要从政府层面、企业层面、学校层面进行介绍；第六章为校企合作实践案例分析，主要介绍了三个方面的内容，分别是农业生产类校企合作案例、科技信息类校企合作案例、服务管理类校企合作案例。

  在撰写本书的过程中，作者参考了大量的学术文献，得到了许多专家、学者的帮助，在此表示真诚感谢。但由于作者水平有限，书中难免有疏漏之处，希望广大同行及读者批评指正。

魏宏钰
2024 年 2 月

目　录

第一章　校企合作概述 ……………………………………………………… 1
　　第一节　校企合作的内涵与特征 …………………………………… 1
　　第二节　校企合作的内容和原则 …………………………………… 5
　　第三节　校企合作的发展历史 ……………………………………… 9
　　第四节　校企合作的理论基础 ……………………………………… 21

第二章　国内外校企合作人才培养基本模式 …………………………… 32
　　第一节　国外校企合作人才培养基本模式 ……………………… 32
　　第二节　国内校企合作人才培养基本模式 ……………………… 51

第三章　校企合作模式的创新——现代学徒制 ………………………… 63
　　第一节　现代学徒制概述 ………………………………………… 63
　　第二节　现代学徒制课程体系 …………………………………… 69
　　第三节　现代学徒制的实施 ……………………………………… 72
　　第四节　现代学徒制合作协议 …………………………………… 78

第四章　校企合作模式的创新——混合所有制 ………………………… 83
　　第一节　混合所有制概述 ………………………………………… 83
　　第二节　混合所有制改革面临的挑战 …………………………… 88
　　第三节　开展职业院校混合所有制改革 ………………………… 89

第五章　校企合作模式下人才培养创新实践 …………………………… 96
　　第一节　政府层面 ………………………………………………… 96

第二节　企业层面 ……………………………………………… 103
　　第三节　学校层面 ……………………………………………… 109

第六章　校企合作实践案例分析 …………………………………… 118
　　第一节　农业生产类校企合作案例 …………………………… 118
　　第二节　科技信息类校企合作案例 …………………………… 126
　　第三节　服务管理类校企合作案例 …………………………… 151

参考文献 …………………………………………………………………… 159

第一章 校企合作概述

校企合作是我国高等教育"产学研结合"的传统在当代高等教育中的发展，也是中国对欧美"合作教育"理念的创新。本章为校企合作概述，分别介绍了校企合作的内涵与特征、校企合作的内容和原则、校企合作的发展历史、校企合作的理论基础四个方面的内容。

第一节 校企合作的内涵与特征

一、校企合作的内涵

（一）校企合作的概念

校企合作的主语是双主体，即"校"和"企"，两者是并列的关系。"校企合作"的概念也展现出双主体性，揭示出词面与整个词义的同一性。基于这个角度，我们可以解读"校企合作"背后的实质意义是指产学合作、双向参与。目前，学术界对于校企合作的具体概念还没有明确的界定，下面介绍几种较为盛行的说法：

1. 模式说

模式说将校企合作认定为一种人才培养模式，从而又产生了很多不同的观点，其中较为流行的观点认为，校企合作就是通过学校与企业的合作，充分利用两者的资源，采用理论与实践相结合的方式，培养学生的创新思维和职业素质的教育模式，进而满足不同用人单位的需求。如今，校企合作已经愈发重要，它对于解决学校实验资源匮乏、学生找工作困难以及塑造"双师型"教育团队都是不可或缺的；对企业而言，校企合作能够吸纳卓越的技术专家、零距离顶岗就业员工，以及解决科研过程中遇到的问题。

2. 机制说

机制说认为高等教育开展校企合作主要是以市场和社会需求为导向，通过利用学校与企业两者的资源，使教学与实践相结合，来重点培养学生的全面素质、综合能力和就业竞争力，从而满足不同用人单位对人才的不同需求。校企合作实施的途径与方法就是工学结合、顶岗实践，其基本内涵就是双向参与、产学合作，主要包括岗位培训与实验实习的合作、资源共享与技术的合作、专业设置与课程体系开发的合作、师资培训与科研的合作。

3. 中间组织说

中间组织说认为校企合作指的是在培育合格劳动者目标下，高校与校外机构之间的合作，包括企业、行业、服务部门等。通过与校外机构的密切合作，学生的学术理论与实践、培训能够得到深度融合，进而更好地提升高等教育的品质和未来劳动人群的技能，为企业和毕业生开辟更广阔的交流和选择途径，最终助力社会经济的稳定增长。

根据以上分析，作者认为校企合作是一种利用学校与企业的不同资源和环境培养社会、企业所需人才的办学模式，这一模式需要企业、学校、院校主管部门和政府部门等各方共同参与，从而培养出适应行业需求和社会发展的人才。

（二）校企合作的本质

校企合作的本质就是通过学校与企业的合作，为学生提供实训机会，并利用理论与实践相结合的模式，培养人才。另外，通过校企合作这一办学模式，学校能在企业资源的帮助下，提升自身的教学水平；企业则能提前了解并培养自身所需的人才，从而实现技术创新和人才储备，提升自身在市场中的竞争力；学生能提前接触真实的工作环境，从而增强自身的实践能力。由此可知，校企合作能为学校和企业带来双赢，强化教育与产业之间的积极互动，同时有助于推动整个社会向前发展与进步。简而言之，从本质上来看，校企合作是一种办学模式，其目的是培养人才。校企合作不仅包括学校和企业，同时还涉及院校主管部门、政府部门等利益相关者。

校企合作运行机制主要以社会需求为导向，其在培养人才的过程中，需要企业和学校的共同参与，尤其是在教育计划的研发与制订阶段。

校企合作主要是学校和企业的合作，作为直接利益关系方，在行为规则和利益诉求方面两者是不同的，而且在组织性质方面也是不同的，即一个是非营利性组织，另一个是营利性组织。学校作为非营利性组织，提供的是教育公共产品，主要以服务为目标,并且追求社会效益最大化;而企业作为营利性组织,提供的是商品和服务,主要以营利为目标,并且追求利润最大化。在校企合作这一运行机制中,学校和企业的目标也存在一定的差异,学校一般以建设实习场所、营造实习环境、促进双师培养以及专业与课程改革为主要目标;而企业的目标主要是获得技术支持、有持续的人才输送、培训科研研发人员、收获社会各界的广泛称赞。

二、校企合作的特征

(一)职业性

除了校企合作这一形式之外,工学结合、产学结合以及产学研结合等形式,都具有较强的目的性,其目标都是培养符合职业岗位需求的人才。因此,将学习和生产相结合,其宗旨就是确保学生在学习时不只是获得了知识和技巧,更提升了自身的职业素质。在专业技巧、方法论和社交技巧上,学生也能取得全方位的进步和发展,这也为他们从学术旅程转向职业生涯铺设了顺畅的道路。在这个合作阶段,充分体现了校企合作的职业性特征,同时满足了企业对于培训高质量、技能型专业人才的需求。

(二)教育性

校企合作的核心宗旨是培养高素质的专业人才。学校和企业双方主要以岗位需求为导向,以人才培养为目标。高校在实行校企合作这一办学模式时,不仅要明确培养目标,同时要优化专业设置,另外还需要制定明确的教学标准,整合教学资源,确保企业和学校能共同参与人才培养的过程。这不仅是校企合作的内在要求,同时是校企合作教育性特点的体现。

(三)互利性

合作是个人或群体之间的联合行动,旨在通过相互协调、配合来达到某一确定的目标,同时是社会互动的一种方式。在校企合作的过程中,各参与方有着行为的共同性和目的的一致性,即互利性特征。需要注意的是,这里的目标其实是一种利益,并且这种利益无法单纯依赖其中一方而实现,需要各方的互动合作,包括院校、企业、教师、学生、企业员工等。要想使校企合作能长久地发展下去,参与方既需要有利益的获得,也需要有行为的付出。互利性才是实现校企长效合作的基础。

（四）经济性

经济社会需求推动了校企合作办学的开展，为人才知识与能力结构的制定提供了依据，此外，在专业设置上也需要依靠地方经济发展。在校企合作办学的过程中，需要以紧密型、融合型基地建设为重点，并且将其作为实施一体化办学模式的重要基础，从而解决传统基地学生实操功能单一的问题。

（五）创新性

探索校企合作办学之路成败的关键就是创新，这是因为探索和完善人才培养模式的过程，其实就是一个不断创新的过程，同时是提高人才培养质量和实现可持续发展的必然要求。考虑到高校所处的地理环境以及它们面向行业的差异，企业与学校的合作形式、内容与方式也会产生区别。参与各方在校企合作的过程中，应该秉持改革创新精神和求真务实的态度来寻找合作的有效途径。只是简单地借鉴一些仍不成熟的经验与方法，而没有结合参与方实际情况进行改革与创新的校企合作，不可能真正实现校企合作办学的目标。

（六）多样性

由于校企合作是多层次、全方位的合作，因此其合作的内容、形式与方式也呈现出多样化的特点，如高校与企业的合作、高校院系与企业部门的合作、信息的合作、技术的合作、研发的合作，以及人力资源与物质资源的合作等。在校企合作的过程中，高校、企业、政府、社会等，所有参与方都应以多方生存和发展的共同愿望为基础；以发挥各自的优势为条件，并遵循职业教育规律和市场经济规律，将技术、效益、人才作为结合点，进而充分挖掘校企合作的内容与形式。校企合作的多样性是达到校企长效合作的重要保障，是校企合作成功的基础。

（七）文化性

校企合作同时也是一种文化合作。如今市场竞争激烈，在这一背景下企业为了占据一定的市场，形成了具有各自特色的企业文化，这些文化主要体现在他们前沿的管理理念、合理的组织体系、科学化的管理方式，以及严谨的工作态度、周到的客户服务与和谐的工作文化氛围中。在良好企业文化的熏陶下，能够更好地培养高素质、技能型专门人才。在各种不同方式的校企合作中，学生都是主要的参与者。校企合作不仅可以帮助学生掌握专业的知识和技术，还有助于他们更深入地接触和了解社会。在此过程中，学生能逐步形成认真的工作态度、细致严谨的工作作风以及团队合作精神，从而不断提升职业技能。另外，在校企合作的过程中，企业文化会逐渐与校园文化相互交融与沟通，不仅能丰富校园文化和企业文化，还能提升企业文化层次，完善校园文化的职业分析，进而更好地促进校企合作的发展。除此之外，在校企合作的过程中，企业先进的理念会帮助高校教师树立服务意识，进而形成良好的服务育人氛围。可见，文化性能够体现校企合作的层次与水平。

第二节　校企合作的内容和原则

一、校企合作的内容

（一）发展规划

校企合作的发展规划主要包括两个方面：一是成立校企合作指导委员会。成立指导委员会时，要注意其组成人员应该包括校企双方负责人、政府有关负责人和有关专家，并且办事机构应该设立在学校。校企合作指导委员会的主要职责就是建立日常信息交流反馈制度，以及制定委员会章程，为校企合作提出规划、目标与活动方式。二是共建战略伙伴关系。不仅要制定战略伙伴关系合作协议，同时要建立日常性联络制度，进而形成长效合作机制。此外，在校企合作过程中，学校和企业应该定期或不定期研究与高技能人才培养和共同发展有关的重要课题，包括师资队伍建设、新专业设置、技能提升培训、老专业改造、教材建设等。

（二）专业建设

校企合作的专业建设主要包括三个方面：一是成立专业建设委员会。委员会成员应该由行业企业的相关专家、高工、高管组成，并且成员数不能少于总人数的50%。专业建设委员会的主要职责就是提出专业建设规划、拟订专业人才培养方案、制定专业建设委员会章程。需要注意的是，该委员会的成立应该由学校负责组建。二是建立专业建设协调机制，并由企业主导。在确定新专业的设置时，应该由企业负责人针对新兴产业和主导主攻产业确定。另外，对于企业确定好的新专业，学校要积极组织好申报、招生和教学实施工作。三是建立校企共建重点专业和新专业建设决策机制，也就是要组成决策班子，以此确定重点专业和新专业的设置，同时要定期组织相关研究活动。需要注意的是，决策班子成员应该由校企双方主要负责人和相关专业骨干组成。

（三）课程建设

校企合作的课程建设主要包括三个方面：一是在教学计划制订方面，应该由学校和企业共同制订。之后学校会根据众多因素来编制教学计划、教学大纲和课程实施方案，如专业设置、人才培养目标、企业的岗位人才需求规格等。同时，学校还需要认真选用教材，确定实习实践环节。二是在课程体系方面，也应该由校企双方共同确定。校企双方需要共同制订教学大纲和教学计划、编写符合企业需求的教材、制订实习实操实施方案。之后要由专业建设委员会进行课程标准的评审。三是在课程设计过程中，由高校实施教学和人才培养，由企业主导课程的开发。此外，高校需要明确项目教学、工作任务实例、教学计划、教学大纲等关键内容，同时对教材及实习教程进行精心的编排，确保所有学院都能在教育和人才培训中发挥作用。

（四）师资建设

校企合作的师资建设主要包括三个方面：一是在师资队伍的组建方面，需要双方共同努力。一方面，学校可以通过定期派遣教师去企业进行培训，提升教师的实践技能水平；另一方面，学校可以聘请行业的顶尖技能人员、行业专家、高级管理者和资深人士作为实际生产和核心课程的教学指导者，并且可以在符合国家政策的要求下，向企业有关兼职人员和核心课程的教学指导者支付一定的报酬。二是对企业相关人员进行提升培训，可以要求企业相关人员去学校进行科学研究和阶段性全脱产教学，或者是学校教师进入企业对企业高技能人才和高级技术人员进行提升培训。三是让企业承担研发及创新人员的培训责任，通过"师徒制"或"导师制"的模式来培训和指导学校的教师团队；或者由企业专家负责对学校教师进行培训，其培训内容是新技术、新设备、新工艺、新材料等方面；还可以让学校教师参与企业的技术设备更新改造、技术攻关和技术成果应用；或者企业把某一技术课题委托给学校，让学校教师进行技术攻关或技术改造，进而提升教师的技术研发水平与创新水平。

（五）实训教学

校企合作的实训教学主要包括三种模式：一是学校自己建立校内实训基地，甚至可以建立生产性实训基地，学校自己配备设备设施，并组织实训教学。在组织实训教学时，需要按照教学大纲、教学计划和人才培养目标进行。二是校企共建实训基地或生产性实训基地。在设备设施配备方面，需要校企双方共同负责。

在学校开展产教结合实训时，由企业为学校提供相关产品，这样学生能在产教一体的实践中得到培训，并通过完成产品的部分工序达到实训的目的。三是深度融合实训教学，由企业建立实训基地、生产性实训基地，并提供相关设备设施；或者学校将教学区建立在厂区，将一些专业放在企业中进行教学（即"厂中校"）；或者学校在当地工业或企业内建立实训基地（即"园中校""厂中校"），从而确保人才培养与使用人才之间能紧密衔接。

（六）教学管理

校企合作中的教学管理内容包括三方面：一是改革学生学业考核评价办法，完善"知识＋技能"的考核评价体系，校企双方通过面试、笔试和实操等形式对学生的专业知识和专业技能进行考核，使学生取得相关专业职业资格证书和毕业证书；二是改革教学模式，让学生积极主动参与学习过程，满足学生求知和就业的需求；三是改进教师教学质量评价的方式方法，企业参与教学过程和教学质量的全程监控。

（七）学生管理

校企合作的学生管理内容主要包括两方面：一是学校要根据企业的需要来制定相应的学生行为规范。学校在建立学生管理机构时，既要确保机构的结构合理，又要确保企业的相关人员参与其中。另外，学校在开展学生活动，对学生管理工作进行研究时，也要根据企业用人标准制定相关的规章制度。二是在制定操行考核与奖惩制度时，需要学校和企业共同参与，以确保制度的高效运行。

（八）招生就业

校企合作的招生就业内容主要包括两方面：一是学校需要制订招生培训就业计划。在制订该计划时，学校要根据企业需求，结合自身的办学资源来组织实施。二是学校和企业双方共同制订招生培训就业计划，即校企双方需要共同组织招生宣传、考试，之后共同确定录取名单。当学生完成学业后，企业要负责对他们进行就业安置，而学校则要做好毕业生就业后的跟踪服务工作。

（九）文化建设

校企合作中的文化建设内容包括四方面：一是企业文化进课堂。学校开设企业文化课程，聘请企业管理人员授课。二是德育基地进企业。在企业开设专项德育实训基地，零距离吸纳企业文化。三是企业文化进实训，即还原企业真实的工作环境，严格按照企业岗位有关要求进行操作。四是企业制度进校园。学校把企业管理有关条例适当融入学生管理工作，让企业制度和大学制度有机结合，使学生及早感受到企业的约束，做到日常行为职业化。

二、校企合作的原则

（一）服务企业原则

开展校企合作的基础和前提条件就是为企业服务，而为企业服务的优劣决定了校企合作的成败。为了让校企合作更高效地服务企业，在开展校企合作的过程中，高校要主动深入研究和调查企业，了解企业对人才的需求和对人才的技术要求，只有这样，才能培养出符合企业需求的高技能人才。为了与各大企业构建坚固的合作伙伴关系，并进一步推动学校和企业实体的协同发展，高校应始终给予企业充分的关注，给予其必要的服务支持，从而促进校企合作的发展。

（二）企业需要原则

校企合作主要是基于企业的需要来进行的。因此，在校企合作的过程中，高校应该积极主动满足企业的需求，也就是要根据企业的各种需求，包括用人要求和岗位需求，来制订人才培养方案。另外，当高校深入企业为员工提供专业技能培训时，应该选拔出色的教育者，并开展深度培训。面对企业其他方面的需求，高校也应该提供必要的帮助。

（三）校企互利原则

双方互利是进行校企合作的基础，如果没有互利，那校企双方也将无法合作。通过校企合作，学校能够提升教学质量和实力，并且通过与企业开展合作，定期培训教师，从而达到提升教师和学生技能水平的目的；企业不仅能提升经济效益，也能派遣职工去学校学习，从而提升职工的能力和素质。

（四）校企互动原则

校企合作需要高校与企业的互动，即学校应该定期组织教师深入企业进行培训，而企业也应该定期派遣技术员到高校举办相关讲座。校企互动不仅能提升教师的技能水平，丰富教师的实践知识，同时能提升企业员工的能力与素质，达到理论与实践一体化的目的。

（五）统一管理原则

由于校企合作是学校与企业双方的活动，因此在校企合作的过程中，需要对双方的利益与责任进行统一管理、领导、规划、实施、检查。只有这样，才能更好地实现理论与实践的结合。

第三节　校企合作的发展历史

一、国外校企合作发展历史

（一）美国校企合作发展历史

19世纪，美国的学校和企业之间开始了合作。通常人们认为，1906年辛辛那提大学（Vniversity of Cincinnati）实施的合作教育计划，是美国校企合作运动的开端。在此后一个多世纪的发展中，美国校企合作逐渐走向成熟。

1. 美国校企合作的萌芽时期

20世纪上半叶，美国工业的蓬勃发展极大地促进了普教和职教的发展。许多学校采用企业管理模式运作，这个时期董事会成员多由专业人士和企业家构成。当时，教育界与企业界领导都认为教育应首要关注学生的未来职业生涯。因此，合作教育相关的课程、测试、咨询、评估等项目应运而生。例如，从1906年辛辛那提大学实施首个合作教育计划起，此后，多所高校也逐渐开展合作教育模式，1909年东北大学在新建工程学院实施合作教育，1919年麻省理工学院在工程系开展合作教育，1921年安提亚克学院也开始实施合作教育计划。1957年，在查尔斯·凯特林、爱迪生基金会主席的倡导下，美国召开了有80所学校和100家企业参加的合作教育大会。1958年，福特教育基金资助合作教育调研，其评估报告对美国后来的校企合作教育产生了重要影响。

因为教育政策制定环境的改变以及企业家的积极性持续减弱，20世纪60年代中期，企业和学校合作办学的模式受到了一定程度的制约。在那个时期，美国各社群普遍存在着有关教育平等、合法诉讼程序和教育体制的争论。在此背景下，逐渐产生了新的教育事业参与者，包括有组织的教师队伍、有组织的家长和社会团体、之前被忽略的学生团体、律师和法官、联邦和州的项目管理人员等。企业领导首次对教育政策资金问题感到困惑，于是尝试退出本地学校董事会。仅仅在几年的时间里，企业影响力减弱，地方教育政策评议中企业代表作用降低，州与联邦政府教育参与度也逐渐下降。

即便如此，美国政府仍在坚持开展合作教育计划，并为此做出了努力，如在1962年美国成立了合作教育委员会，在1976年提出了《职业教育修正案》，种种措施表明，校企合作在美国仍有一定的发展空间。

2. 美国校企合作的重生时期

20世纪80年代初期，对于公共学校的教学质量，美国公众一直持怀疑态度。人们发现公立教育近年来一直在延续旧有的框架，不仅学生学习动机不强，考试成绩持续下降，不遵从教学规定，同时教师态度过于激进、缺乏合作意愿。在这种情况下，教育改革无法进行，学校的整个系统也在逐渐衰败。并且，企业在招聘员工时，只能从高中毕业生中招聘，这些从高中毕业生中招来的雇员，不仅没有良好的职业素质，缺乏良好的工作习惯，同时基本工作技能较差，等等。关于美国的教育状况，学术界也进行了批评，他们认为美国的学校并没有尽到一个学校应尽的责任与义务，没有充分为学生以后的职业生涯做好打算，没有培养学生良好的职业素养和职业技能，并且学校没有充分重视培养学生解决问题与团队合作的基本能力。从教学策略角度看，这些学校的教育效果欠佳。于是，美国的学校和企业界开始重新评估教育政策。其中，"校企合作"被重新提及，成为拯救美国教育的重要策略。

合作教育委员会的成立极大地推动了校企合作的发展。在广告协会的协助下，合作教育委员会有效提升了校企合作的宣传力度，显著扩大了其影响力，并且宣传校企合作的广告投入规模庞大，仅广告时间价值就高达1.5亿美元。

3. 美国校企合作的繁荣时期

在美国各界认识到本国教育存在重大问题的同时，美国的中学毕业生人数也在急剧下降，并且妇女就业人数比例的增长也较为缓慢，渐渐地，企业出现了劳动力短缺的压力。此外，由于来自不同地区的移民比例不断增加，如非裔美国人、拉丁美洲人等，加上劳动力的流动也较为频繁，增加了对劳动力教育和培训的难度。另外，这一时期计算机和通信技术的快速发展，带来了科技方面的变化，并且在国际市场中，美国企业也面临着其他工业国家的挑战。

为确保在激烈的市场对抗中有着稳固的地位，美国企业必须配置有更高技术水平的卓越人才。员工除了需要拥有坚实的学术理论外，还必须具有出色的实际操作技巧。企业为了能聘用到合格的职员，开始将目光放在与学校合作方面。学校为培育和输送适应美国劳动力需求的高质量人才，开始深入思考整合教学内容，以及寻找学术与实践之间的平衡，因此，学校与企业的合作变得相当重要。

为了各自的利益，学校与企业开始相互靠近。双方的努力使得校企合作不仅在数量上快速增加，而且合作的深度与广度也得以全面提高。在1983年至1988年的短短5年之间，美国校企合作案例的数量从4.2万上升到14.08万。

4. 美国校企合作的成熟时期

到了20世纪90年代，随着技术越来越先进，市场的剧烈变化和国际竞争的加剧，美国用人单位在招聘职员时，要求也越来越严格，不仅要求职员有着扎实、广博的理论知识，同时要具有较强的实践能力。

1991年6月，美国劳工部成立了SCANS（The Secretary's Commission On Achieving Necessary Skills，即获取必要技能部长委员会），这个委员会的主要任务是帮助学生应对劳动力市场的挑战，同时协助他们顺利步入职场。SCANS特别指出，学校必须通过教育让学生学会"生存"。SCANS还发布了一篇题为"职场要求学校做什么"的报告，旨在呼吁学校、家长和企业帮助学生掌握在当前和未来职场环境中所需的三大基础技能和五项基本能力。三大基础技能为基本技能、思维能力以及个性品质；五项基本能力包括合理利用与支配各类资源的能力、综合与系统分析的能力、获取并利用信息的能力、处理人际关系的能力以及运用各种技术的能力。这份报告极大地推动了美国校企之间的合作。

1994年5月4日，美国总统克林顿签订了《从学校到职场机会法案》（School-to-Work Opportunities Act，简称STWOA）。这项法案要求各个州都要建立"从学校到职场机会"教育体系，该体系包括三项核心部分，即以企业为基地的学习活动（注重实际工作经历、现场辅导、掌握技能、工作培训等）、以学校为基地的学习活动（注重学术性和实践性的教学大纲与教学内容的融合）和连接性活动（把学生和雇主联系起来的各种活动，以及帮助学生获得附加训练的活动）。这个法案的签订和执行影响着美国校企合作的发展，即对于规范和促进校企合作的发展，具有非常关键的作用。同时，美国的多个州、学区以及学校，已经开始在特定地区实施一系列试点改革，从而推动了各种类型的校企合作模式的发展，其中一部分已经获得STWOA的认证，并且在政府层面得到广泛应用。正是在这些合作教育计划的帮助下，美国的校企合作得以走向良性循环的轨道，并且得到政府的大力支持与各方的共同参与，这标志着校企合作的职业教育模式在美国逐渐走向成熟。

美国的校企合作虽然走过了100多年的风风雨雨，但仍旧焕发着生生不息的活力。进入21世纪之后，美国政府、企业、学校仍在努力探寻新的校企合作模式与方法，不仅持续跟踪调查已经开展的各项校企合作项目，还会及时归纳总结校企合作模式经验及教训。

（二）德国校企合作发展历史

"双元制"是德国校企合作的主要形式。双元制主要由企业和学校共同完成，并且由商业协会负责质量的监控。这种职教模式是国际上公认的较为成熟且有效的模式。

德国"双元制"职教模式并不是短时间内就形成的，而是经过了长时间的探索与归纳，并且其形成与发展依赖于科技进步与社会经济发展。关于德国"双元制"职教模式，其发展历程大致经过了以下几个阶段：

1. 德国"双元制"职教模式溯源（中世纪的师傅带徒弟）

"双元制"职教模式最早可追溯至中世纪同业公会对师傅的培养，这与我国许多企业在传授技艺时，采取的师傅带徒弟的模式较为相似。资料表明，德国师傅带徒弟的培训形式，最早出现在古希腊、古罗马时期，但是在13世纪才得到普遍推广，直至中世纪末才进入鼎盛时期。此外，在中世纪还形成了系统化的"手工业师傅学徒"模式，也就是在正规的培训和教育下，学徒逐渐变为伙计，之后再由伙计变为师傅。

2. 德国"双元制"职教模式萌芽（改革学徒教育，成立进修学校）

随着科技的逐步发展，传统工艺逐渐被现代工业生产所取代，在这种大环境下，传统的师傅带徒弟的手工培训方式已经无法满足生产的需要，并且在其中遇到的许多问题也需要理论知识解决，而在动手实践方面，只有理解了基础理论知识，才能更好地进行实践。

"小资格证书"（Kleine Befachigungsnachweis）于1890年正式获得通过，主要规定了企业主只有自己通过了"师傅"考试，即获得了"小资格证书"，才有培训徒弟的权利，才能进行学徒培训。1897年，为了手工行业的经济稳定，德国修订了手工业条例，出台了《手工业者保护法》（*Handwerkerschutzgesetz*），它使处于低谷的学徒培训重新恢复了活力。为了进一步完善学徒培训，1908年又修订并颁布了一个手工业条例，从而为德国职业培训"双元制"奠定了基础。

1895—1914年，德国将宗教星期日学校改为普通进修学校，将原来的行业星期日学校改为行业专业进修学校。无论是哪种类型的学校，都应该传授与职业相关的理论知识，并且随着时间的推移，这两类进修学校不仅在教学目标和教学内容上极为相似，同时发展方向也逐渐一致，即都朝着对手工业人员职业培训进行文化补习的方向发展。在1900年，大部分城市都将进修学校纳入义务教育中，并将其写入了地方法律。与此同时，一种按职业划分的进修学校在全德国开始试行，教学按专业方向划分班级，并且授课时间也发生改变，即由原来的在周日或晚间上课改为在每周的一个上午或下午进行授课。为适应经济发展的需求，工艺学校、制图学校、商业学校等一批具有职教性质的进修学校相继成立，并设置了普通文化课与职业教育相结合的课程。1919年，《魏玛宪法》第145条明确规定：进修学校作为义务教育进行普及。1920年，全国学校大会将进修学校的名称正式改为"职业学校"，即现在"双元制"职业学校的雏形。

3. 德国"双元制"职教模式确立（具有工业特色的学徒培训和职业学校）

1920—1970年，"双元制"的发展经历了巨大的改变，即较为松散、不统一的培训模式以及企业与学校间较为简单、不规范的混合培训，逐渐向更加现代化、组织结构更加明确且更为合理的方向发展。

20世纪20年代，进修学校逐步发展成为得到广泛认可的学习场所。受"科学管理"影响，这个时期的职业培训出现了三个变化：车间和职业学校培训机构的建立；有条理的培训过程；标准的培训课程和组织方法、训练计划。其间，一些专门机构也建立了起来，如德国技术学校委员会、职业培训工作委员会、德国技术工人培训学院等，它们完善了职业培训，强化了培训系统。1934年，形成公共职业学校的体系标准，各个州的学校主管部门集中成立了皇家科学、教育和公共教育部。1936年前后，引进了"专业工人""技术工人"的新概念，手工业行会的统治地位因专业考试的垄断地位被打破而不复存在，新的资格培训类型诞生，这就是后来"双元制"体系构成的主要部分。1937年，"职业学校"作为标准学校名称，被广泛使用，并且政府制订了统一的教学计划，开始组织企业内培训，并规定了学校也必须采用标准课程。另外，也是在这个时期，不仅制定了对职业学校赞助规定的标准，同时制定了培训基金管理办法的标准。1938年，将学生参加职业学校的学习纳入全国性的义务教育范畴，之后在1940年，统一了职业教育的教学时间。

1948年，在《对历史和现今的职业培训和职业学校教育的鉴定》报告里，德国教育委员会首次使用了"双元制"一词。这也意味着企业与职业学校100多年来合作办学的形式正式确定了下来。到了1953年，正式出台了综合性的职业培训条例。到了1969年，德国政府正式发布并开始执行《职业教育法》，这个决策标志着"双元制"开始有了法律上的确定意义,"双元制"得以全面制度化与法治化。此外,这个法案的执行标志着德国职业培训传统时代的结束和新纪元的开始。

4. 德国"双元制"职教模式完善(国家的影响和合理化)

在1969年之前,培训立法并没有得到系统化的发展,这个时期主要将职业培训看作私人范畴的事情,并且受到社会上不同利益集团的限制,这导致职业培训并没有作为一个"公共任务"来执行。1969年,伴随《职业教育法》的实施,联邦德国也建立了"双元制"的培训体系,标志着职业培训结束了由私人企业进行控制的现象。与此同时,每个职业还有各自的培训条例,这是一个在职教课程领域内具有法律效力的文件。《职业教育法》为德国职业教育课程带来了统一定向和规范指导,从而确保了德国统一的职业培训质量和造就具有资格的职业人才。

20世纪70年代,德国的改革倡导者为了使"双元制"的发展拥有一个新的现代结构,开始实行"基础职业教育年"计划。也就是主张基础职业培训标准化,并在职业学校内进一步充实一些实用的培训内容。然而,实施的结果并不理想,只有部分学校接受了"基础职业教育年"计划。1972年,联邦企业内部培训与州级职业学校培训之间实现了合作。1974年,政府根据法律条款,不仅创立了联邦职业培训研究所,同时颁布正式承认的培训职业资格证书。最初,职业培训研究所主要负责职业培训领域的研究与开发,然而随着时间流逝,职业培训研究所演变为现今的联邦职业所。随着《职业教育法》开始执行以及联邦职业所的成立,"双元制"职业培训发展面临的问题也逐渐得到了解决。受多重因素的影响,如科技的迅速发展、人口的广泛增加,以及人们职业选择模式的转变,传统的培训结构逐渐被打破,被职业学校和企业培训同时并举的职业教育所取代。随着职业教育的发展与逐步完善,职业学校的教师也开始多方面、多层次地参加职业培训的计划、实施与检查工作。1981年,为了补充与完善《职业教育法》,联邦政府公布了《职业教育促进法》。该法案不仅明确了职教应该成为公共事业的责任和义务,同时首次将职教和培训岗位需求相结合。另外,还特别强调了职教政治性制度安排的意义,认为青年人对职教的需求才是政治决策的决定因素,并不是经济界的需求。

德国从20世纪80年代开始,在职业教育领域就已经形成一个比较完整的体系,包括学徒工培训,中等、高等职业教育,在职培训等方面。此外,在各州、市还形成了一个严密的职业教育网,在推进职业教育的普及方面发挥了关键作用。

二、国内校企合作发展历史

我国校企合作的发展主要经历了一个由点到面、由低到高、由浅入深的过程,并且在其发展过程中,合作规模不断发展、合作形式不断丰富、合作内容不断深化、合作水平不断提升。通过这些方面的不断变化,能够看出校企合作具有的时代特征。我国校企合作的发展历史,按照时间顺序可以分为四个阶段。

(一) 20 世纪五六十年代

20 世纪五六十年代,我国的企业和高校才开始合作发展,具体可以追溯到"两弹一星"的军工研制实验。在这次实验中,通过学校和企业的合作,解决了很多难题,取得了良好的成效。在党的教育和科技政策的指导下,高校的教学人员与科研人员积极投身生产实践,并逐步与各类企业建立起合作伙伴关系。这些合作并不是单纯指向经济的,目标在于确立中国在国际上的地位,打破外界的"封锁",解决国计民生等重要问题。这些合作也不是简单的利益主体之间的合作,而是一种跨越多个部门的全面合作。这种合作的参与者来自不同的部门,但几乎不会出现利益冲突的问题。

(二) 20 世纪 80 年代

校企合作真正得到重视与普及是在 20 世纪 80 年代。在全国科学大会及全国教育工作会议期间,邓小平同志对经济的迅猛增长与科技的迅速发展之间的紧密关系进行了深入阐述。他特别强调了科技发展与教育发展之间的密切联系,并从战略视角强调了大力发展科技和教育的重要意义。1985 年,党中央发布了科技体制改革和教育体制改革的决定,提出经济建设必须依靠科学技术、科学技术工作必须面向经济建设,同时指出教育必须为社会主义建设服务、社会主义建设必须依靠教育。

现代经济和科技的飞速发展,要求我们在教育与生产劳动相结合的内容上、方法上不断有新的发展。校企合作,尤其是双方在科学研究方面的合作,作为推进科技与经济深度融合、促进科研成果快速转化为实际生产的重要战略工具,正日益受到广大民众的关注。因此,学界进一步探讨了校企合作的理论,并在实际应用中不断探索校企合作的形式。校企合作开始逐渐步入健康发展的轨道。

(三) 20 世纪 90 年代

从 20 世纪 90 年代开始,我国的学校和企业开始实现真正意义上的合作。

1991年，中国产学研合作教育协会在上海正式成立。1992年，国家经济贸易委员会、国家教育委员会以及中国科学院共同在全国范围内实施了"产学研联合开发工程"。这个项目的首要任务是在构建社会主义市场经济体制时，确保通过校企合作，建立起国有大中型企业与高校之间的稳定而紧凑的沟通与合作模式。合作的目的在于逐渐形成一种学校与企业共同进步的发展模式，寻找一条与中国国情相适应的科技与经济深度融合的途径。这将有助于加快科学研究成果在市场上的应用，推动高新技术产业的快速发展，从而增强国有大中型企业在市场竞争中的实力，并进一步推动中国经济的持久繁荣。在此之后，我国的校企合作正式步入正轨，迅猛发展起来。坚定不移地实施科教兴国的战略于1995年由党中央和国务院在《关于加强科学技术进步的决定》中提出；实施"科教兴国战略"和"实现可持续发展战略"也在党的十四届五中全会上被提出；"强化应用技术的开发和推广，促进科技成果向现实生产力转化，集中力量解决经济社会发展的重大和关键技术问题"，"有条件的科研机构和大专院校要以不同的形式进入企业或与企业合作，走产学研合作的道路"①在党的十五大报告中再次被强调。

随着改革的不断深入，社会主义市场经济体制逐步建立，并且这个时期的政策有着鲜明的导向，加之国际竞争越来越激烈，这些因素都为企业和高校的生存与发展带来了新的难题。由此，校企合作进入一个新的发展阶段，即以科技成果转移、市场拉动、科技驱动联合型为主。在新的发展时期，不仅各地兴建了高新技术科技园，同时涌现了一批以校企合作为载体的高新技术企业，如天大天财、清华同方、北大方正等。并且，高校与企业之间的联系也更为紧密，进而有效促进了科研资源的合理配置和合理流动。

（四）21世纪至今

2010年6月，教育部与其他相关部门和行业学会合作，共同实施"卓越工程师教育培养计划"的项目。该计划的核心愿景是培育众多拥有出色创新才能的高品质技术人才，以适应经济及社会的持续进步，从而使这些人才能够为国家走新型工业化发展道路、建设创新型国家和人才强国战略服务。2012年11月，中国共产党第十八次全国代表大会在北京开幕。党的十八大报告明确提出要"加快发展现代职业教育"。2013年11月，中共十八届三中全会在北京召开，作出了《关

---

① 中国政府网. 江泽民在中国共产党第十五次全国代表大会上的报告[EB/OL].(2008-07-11)[2023-10-10].https://www.gov.cn/test/2008-07/11/content_1042080_3.htm.

于全面深化改革若干重大问题的决定》（以下简称《决定》）。《决定》明确提出："加快现代职业教育体系建设，培养高素质劳动者和技能型人才"，并提出要"构建劳动者终身职业培训体系"①。2014年5月2日，国务院印发《关于加快发展现代职业教育的决定》，标志着我国职业教育迈入改革发展新阶段。2014年，教育部等六部门印发了《现代职业教育体系建设规划（2014—2020年）》。2017年12月，国务院办公厅《关于深化产教融合的若干意见》（以下简称《意见》）提出校企协同、合作育人原则。《意见》要求充分调动企业参与产教融合的积极性和主动性，强化政策引导，鼓励先行先试，促进供需对接和流程再造，构建校企合作长效机制。

2018年，为贯彻全国教育大会精神，落实《国务院办公厅关于深化产教融合的若干意见》和《职业学校校企合作促进办法》，教育部办公厅发布《关于开展职业教育校企深度合作项目建设工作的通知》（以下简称《通知》）。《通知》指出："意向企业根据本《通知》要求，研究提出合作项目建设方案（参考体例框架详见附件）、项目履行承诺书，并提供已开展的校企合作典型案例等作为支撑材料，一并提交有关行业职业教育教学指导委员会（以下简称行指委）。"②《通知》聚焦科技革命与产业变革，着重现代农业、先进制造业、现代服务业和战略性新兴产业。通过项目建设，推动龙头企业、高成长性企业与优质职业院校深度合作，在人才培养、实训基地、教学模式改革等方面实现深度合作，推动职业院校市场办学，促进新技术、新标准融入教学，提升专业内涵；提升企业美誉度，解决用人需求，推广先进企业标准和文化，为产业升级储备人才；发挥龙头企业引领作用，带动更多企业深化校企合作。

2019年，教育部等十部门发布了《关于做好2019年职业教育活动周相关工作的通知》（以下简称《通知》）。《通知》强调要重点"宣传习近平总书记关于'德技并修、工学结合'的重要指示精神，宣传全国教育大会'德智体美劳'的教育方针，大力倡导劳动光荣、技能宝贵、创造伟大的时代风尚，大力宣传'幸福都是奋斗出来的'理念，大力弘扬劳模精神和工匠精神，营造人人皆可成才、人人尽展其才的良好氛围。宣传党的十九大关于'完善职业教育和培训体系，深

---

① 中国政府网.中共中央关于全面深化改革若干重大问题的决定[EB/OL].（2013-11-05）[2023-10-10].https：//www.gov.cn/zhengce/2013-11/15/content_5407874.htm.
② 中华人民共和国教育部.教育部办公厅关于开展职业教育校企深度合作项目建设工作的通知[EB/OL].（2018-10-25）[2023-10-10].http：//www.moe.gov.cn/srcsite/A07/s7055/201811/t20181101_353339.html.

化产教融合、校企合作'的决策部署和《国家职业教育改革实施方案》的有关政策"①。

2019年5月，教育部办公厅发布的《关于全面推进现代学徒制工作的通知》强调，"各地要明确全面推广现代学徒制的目标任务和工作举措，引导行业、企业和学校积极开展学徒培养"②。2019年9月，教育部办公厅等七部门发布《关于教育支持社会服务产业发展提高紧缺人才培养培训质量的意见》（以下简称《意见》）。《意见》指出："国务院教育行政部门在社会服务领域人才培养培训工作发挥牵头作用。有关行业主管部门、群团组织推动开展相关领域人才需求预测，指导专业设置和人才培养，引导行业优质企业积极参与产教融合、校企合作。省级教育行政部门要结合实际，高度重视社会服务产业紧缺人才培养培训工作，加强与省级有关部门的工作协同，健全工作机制。"③

2020年1月，教育部办公厅印发《教育部产学合作协同育人项目管理办法》（以下简称《办法》）。《办法》指出："产学合作协同育人项目旨在通过政府搭台、企业支持、高校对接、共建共享，深化产教融合，促进教育链、人才链与产业链、创新链有机衔接，以产业和技术发展的最新需求推动高校人才培养改革。""产学合作协同育人项目坚持主动服务国家经济社会发展需求，服务战略性新兴产业发展需求，服务新工科、新医科、新农科、新文科建设需求，服务企业基础性、战略性研究需求，鼓励相关企业不以直接商业利益作为目标，深化与高校产学合作，促进培养目标、师资队伍、资源配置、管理服务的多方协同，培养支撑引领经济社会发展需要的高素质专门人才。"④

---

① 中华人民共和国教育部.教育部等十部门关于做好2019年职业教育活动周相关工作的通知[EB/OL]．（2019-04-09）[2023-10-10].http：//www.moe.gov.cn/srcsite/A07/s7055/201904/t20190429_380098.html.

② 中华人民共和国教育部.教育部办公厅关于全面推进现代学徒制工作的通知[EB/OL]．（2019-05-15）[2023-10-10].http：//www.moe.gov.cn/srcsite/A07/s7055/201906/t20190603_384281.html.

③ 中华人民共和国教育部.教育部办公厅等七部门关于教育支持社会服务产业发展提高紧缺人才培养培训质量的意见[EB/OL]．（2019-09-12）[2023-10-10].http：//www.moe.gov.cn/srcsite/A07/zcs_cxsh/201909/t20190930_401846.html.

④ 中华人民共和国教育部.教育部办公厅关于印发《教育部产学合作协同育人项目管理办法》的通知[EB/OL]．（2020-01-14）[2023-10-10].http：//www.moe.gov.cn/srcsite/A08/s7056/202001/t20200120_416153.html.

2021年7月，教育部办公厅发布《关于开展中德先进职业教育合作项目遴选工作的通知》。为深入贯彻落实习近平总书记对职业教育工作的重要指示和全国职业教育大会精神，深化产教融合、校企合作，深入推进育人方式、办学模式、管理体制、保障机制改革，借鉴"双元制"办学模式，推动建设具有国际先进水平的中国特色职业教育体系，按照《国家职业教育改革实施方案》《教育部等八部门关于加快和扩大新时代教育对外开放的意见》等文件精神，教育部与德国等欧洲职业教育模式先进国家行业龙头企业联合实施中德先进职业教育合作项目（Sino-German Advanced Vocational Education，简称SGAVE项目）。

2021年12月，教育部办公厅、工业和信息化部办公厅发布了《关于公布首批现代产业学院名单的通知》（以下简称《通知》）。《通知》指出："现代产业学院以提高人才培养能力为核心，针对关键要素深化改革。加强专业建设，围绕国家和区域产业布局，建设紧密对接产业链的应用型特色专业（群）。加强课程建设，校企合作建设能够及时响应产业发展需求的课程体系。加强教材建设，建设一批体现产业发展前沿的新形态高质量教材和案例库。加强技术创新，推动信息技术与教育教学深度融合，营造智能化的学习环境。加强实践训练，强化'产学研用'体系化设计，建设'浸润式'产学研融合实践平台。建强教师队伍，探索校企人才双向流动机制，建设一支'双师双能型'教师队伍。"[1]

2022年1月，教育部等八部门印发的《职业学校学生实习管理规定》提出："鼓励先进制造业企业、省级'专精特新'中小企业、产教融合型企业以及有条件的中小企业等积极参与校企合作，提供实习岗位。"[2]

2022年3月，教育部办公厅发布的《关于开展全国高校书记校长访企拓岗促就业专项行动的通知》指出："通过开展专项行动，深入落实高校毕业生就业工作'一把手'工程，充分发挥高校书记、校（院）长以及校领导班子成员带头做好毕业生就业工作的重要示范作用，带动学校全员深度参与做好高校毕业生就业工作，全面深化校企合作、供需对接，既立足当前为2022届高校毕业生开拓更多

---

[1] 中华人民共和国教育部.教育部办公厅工业和信息化部办公厅关于公布首批现代产业学院名单的通知[EB/OL].（2021-12-30）[2023-10-10].http://www.moe.gov.cn/srcsite/A08/s7056/202201/t20220106_592729.html.

[2] 中华人民共和国教育部.教育部等八部门关于印发《职业学校学生实习管理规定》的通知[EB/OL].（2021-01-17）[2023-10-10].http://www.moe.gov.cn/srcsite/A07/moe_737/s3876_qt/202201/t20220121_595529.html.

就业创业岗位和机会，又着眼长远构建高校毕业生市场化社会化的就业工作机制，全力促进高校毕业生更加充分更高质量就业。"①

2022年9月，教育部办公厅等五部门发布《关于实施职业教育现场工程师专项培养计划的通知》（以下简称《通知》）。《通知》指出："以习近平新时代中国特色社会主义思想为指导，全面贯彻党的教育方针，落实立德树人根本任务，紧密对接先进制造业、战略性新兴产业和现代服务业等重点领域高端化、数字化、智能化、绿色化发展要求，协调匹配教育供给与人才需求，深化产教融合、校企合作，全面实践中国特色学徒制，校企联合实施学徒培养和在职员工培训，健全教育链、产业链、人才链、创新链协同发展新机制，形成为技术技能人才紧缺领域系统储能、赋能的人才培养培训生态。"②

2023年7月，《教育部办公厅关于加快推进现代职业教育体系建设改革重点任务的通知》提出，"开展职业教育校企合作典型生产实践项目建设"，"支持各地组织校企共同开发200个全国性典型生产实践项目，引导学生在真实职业环境中学习应用知识和职业技能。校企合作典型生产实践项目建设要基于企业真实生产过程，融入行业最新技术和标准，充分体现新技术、新工艺、新规范以及深度运用数字技术解决生产问题的能力。到2025年，通过分批部署、持续建设，扩大优质资源共享，力争形成以企业典型生产实践项目为载体的职业教育教学模式新突破，有效提升人才培养针对性和适应性"③。

未来我国经济形势良好，市场迫切需要专业技能人才，同时，教育制度改革迫在眉睫。企业的成长离不开学校的大力支持，企业的壮大亦会反哺学校的发展。校企合作不仅提高了教育培养人才的力度，也有利于企业的发展壮大，这种模式注定会在我国发展壮大起来。

---

① 中华人民共和国教育部.教育部办公厅关于开展全国高校书记校长访企拓岗促就业专项行动的通知[EB/OL].（2022-03-10）[2023-10-10].http：//www.moe.gov.cn/srcsite/A15/s3265/202203/t20220322_609823.html.

② 中华人民共和国教育部.教育部办公厅等五部门关于实施职业教育现场工程师专项培养计划的通知[EB/OL].（2022-10-09）[2023-10-10].http：//www.moe.gov.cn/srcsite/A07/s7055/202211/t20221104_932353.html.

③ 中华人民共和国教育部.教育部办公厅关于加快推进现代职业教育体系建设改革重点任务的通知[EB/OL].（2023-07-11）[2023-10-10].http：//www.moe.gov.cn/srcsite/A07/zcs_zhgg/202307/t20230717_1069319.html.

第四节 校企合作的理论基础

任何事物、任何行为本身都隐含着内在的理论，所以对事物、对行为研究的开展应该是以先揭示其内在隐含的理论为前提的。高校和企业属于两个不同的行业领域，二者之所以能实现合作，定然有其内在的联系，这成为二者合作的桥梁。教育与生产劳动相结合理论、人力资本理论、利益相关者理论等，为探析校企合作的理论基础提供了很好的线索。

一、教育与生产劳动相结合理论

教育和生产劳动相结合是指人类社会发展到一定阶段，教育过程和生产劳动过程不可分割地结合在一起。虽然教育过程与生产劳动过程在形式上看起来是互不相关的，但它们之间存在深厚的内部联系和不可分割的纽带。人类社会在发展到现代的过程中，必然会出现一种客观的社会状态，而这种状态就是教育和生产劳动相结合，同时这种状态不会以人的意志为转移。

教育和生产劳动相结合的思想发源于文艺复兴以后的资本主义孕育和发展时期。有众多著名的教育思想家，例如托马斯·莫尔、托马斯·康伯内拉、卢梭、裴斯泰洛齐以及罗伯特·欧文等人，他们发现了生产劳动的教育意义，并提出教育和生产劳动相结合是人全面发展的一种手段。另外，还有一些经济学家也发现了教育对生产劳动的意义，如威廉·沛第、约翰·贝勒斯以及亚当·斯密等人。不过，在上述人的研究结果里，有一些只是含糊的推测，有的缺乏深入的理解，还有的并未提供充分的科学性解读。只有马克思根据历史唯物主义对现代教育思想进行了科学解释。而对于教育与生产劳动相结合的解释，也只有马克思主义创始人完成了对其的研究，这为教育与生产劳动的有机结合提供了坚实的理论支柱。虽然马克思并没有对"教育与生产劳动相结合"的概念进行明确的界定，但是在他的众多著作中，他都有论述这个问题。

马克思指出，大工业的原则是将每一个生产过程分解为各个构成要素，从而创立了工艺学这门完全现代化的学科。无论使用的工具有多复杂，工艺学都能揭示出基本的运动形式，并且人的一切生产活动都会在这些形式中进行，正如即使机器的运作再复杂，也能从中看出力学原理，即简单机械力的不断重复。在现代工业领域，人们从未将某一生产过程的现存形式视为最终的形式来对待。因此，与以往生产方式的技术基础不同，现代工业的技术基础是革命的，并不是保守的。

显而易见，教育与生产劳动相结合，实际上就是在现代工业的技术基础上，教育过程与生产劳动过程的结合。换言之，在大工业的背景下，人们越来越倾向于依靠科技方法进行生产活动，而非仅仅依靠个人的经验或技巧。在当前的背景下，人们将自己掌握的知识应用到生产过程中，将教育与生产劳动结合在一起，从而更深入地学习和掌握现代技术知识。

随着生产科技不断地进步，现代工业正在利用各类机械、化学手段以及其他多元化途径，逐渐推进工人的职能和劳动过程的社会结合发生变革。这也进一步推动了社会内部分工的变革，促使大量的投资者和劳动力从一个生产部门转向另一个生产部门。大工业的本性决定着劳动、职能的变化和工人的全面流动性。大工业使"承认劳动的变换"成为亟须解决的问题，也就是承认劳动的变换，进而承认社会生产的普遍规律是工人多方面的发展，并且使各种关系适应于这个规律的正常实现。另外，大工业还使下面两点成为生死攸关的问题：一是为了替代因资本不断变动的剥削需求而处于后备状态、可供支配的、大量的工人，应当聘请那些适应于不断变动的劳动需求而可以随意支配的人员。二是要用那种能将不同社会职能当作相互交替的活动方式的全面发展的人来取代只能承担一种社会局部职能的人。因此，在科学技术基础上建立的生产劳动过程，要想实现生产劳动者的自由流动，就需要借助教育，尤其是工艺学教育来实现。同时，这种生产劳动者的自由流动正是大工业本性所需要的。所以，为了持续培养能适应不断变动的劳动需求的全面发展的个人，就需要使工人的职能和劳动过程的社会结合能随着技术基础不断发生变化。

马克思认为："工艺学校和农业学校是这种变革过程在大工业基础上自然发展起来的一个要素，职业学校是另一个要素。在这种学校里，工人的子女会受到一些有关工艺和各种生产工具的实际操作的教育。如果说工厂法作为从资本那里争取来的最初的微小让步，只是把初等教育同工厂劳动结合起来，那么，毫无疑问，工人阶级在不可避免地夺取政权以后，将使理论的和实践的工艺教育在工人学校中占据应有的位置。"[①]通过分析马克思的这段言论以及他在其他著作中的描述，可以明显看出马克思认为教育和生产劳动相结合的形式主要有以下几种：理论的和实践的工艺教育；与工厂劳动相结合的初等教育；成人教育；各种形式的职业技术教育，如工艺学校、农业学校、其他技术学校的教育等。很显然，马克思是根据当时大工业环境中的特定情况而阐述的教育与生产劳动相结合的形式。由于

---

① 马克思. 资本论[M]. 北京：经济科学出版社，1987.

教育和生产劳动相结合是劳动者教育从生产劳动中分离出来的劳动者的学校教育和生产劳动的结合，所以，劳动者的学校教育形式就决定着教育与生产劳动相结合的形式。因此，伴随着社会的持续进步和技术的发展，教育和生产劳动相结合的形式也更加多样化。

在现代社会中，教育与生产劳动相结合的途径和形式是多种多样的，其途径并不局限于勤工俭学，其形式也不单单是根据工厂法办起来的初等教育、工艺学校、农业学校、职工学校和技术学校，而是可以根据不同情况选择不同的形式和途径。

二、人力资本理论

人力资本理论最早起源于经济学研究。20世纪60年代，美国经济学家舒尔茨和贝克尔创立人力资本理论，开辟了关于人类生产能力研究的崭新思路。该理论将资本分为物质和人力两类。物质资本指厂房、机器、设备等物质产品上的投入；人力资本则是对生产者进行教育培训的支出及机会成本，表现为知识、技能与健康素质的总和。人力资本管理的主要任务就是根据企业发展战略，优化人力资源配置，激发员工的积极性，提高生产率和经济效益，推动企业发展。

人力资本理论认为人力资本是劳动者身上所具备的知识与技能，以及其所表现出来的能力。人力资本理论十分注重人力资本对经济活动的重要影响。人力资本的形成途径是多种多样的，主要形成于医疗保健、教育、劳动力在国际国内的流动和信息获得等。关于人力资本理论的观点，主要有以下三点：第一，在一切资源中，人力资源是最主要的资源。在经济学中，人力资本理论是最核心的问题，因此舒尔茨一直强调要将人力资本理论作为经济学的核心问题进行研究。第二，相较于物质资本的作用，人力资本的作用更大。人类的前途主要是由人类才智的进化决定的，而空间、能源和耕地并不能决定人类的前途。当代人口的发展趋势是降低人口数量、提高人口质量，这种发展趋势表明质量和数量是可以相互替代的。在现代化生产条件下，由于当代劳动生产率的不断提高，人力资本也在大幅增长。日本、德国在战争结束之后，迅速恢复经济的发展，并成为世界经济强国，它们之所以能迅速恢复经济，并大力发展，根本原因就是这两个国家十分重视人力资本的投资。相较于物质资本，发达国家的人力资本的增长速度更快，这个趋势使国民收入的增长速度大大高于物质资源的增长速度，由此，使劳动者的实际收入得到显著增加，也彰显出人力资本投资所产生的经济收益。只有对人力资本进行大量投资，才能收获现代化农业的成果，同时才能拥有富裕的现代化工业。第三，人力资本包括人口数量和质量，其中提高人口质量是十分重要的，因此，人力资本的核心就是教育投资。教育投资是一种生产性投资，它能使人体内所具备的潜在能力得到提升。各国人口的潜在能力和先天具备的素质是大致相同的，水平也是相近的，但是通过教育这一后天的努力，能在知识、技能和能力方面拉开巨大的差距。需要注意的是，人口质量与素质不是完全相同的，这是因为各国在教育投资和社会平均教育程度方面是不同的。

教育在培养人才时，要以实际劳动职业生产需求为目标，这样才能确保具有知识、技能的人才符合职业需要。校企合作这一教育模式主要培养的是具有实践能力的人才。随着人力资本理论的提出，整个教育体系与产业职业经济部门都受到了各种各样的挑战。首先，产业部门逐渐认识到不仅有形资产决定着企业职业的生存与发展，拥有高素质的职业技术应用型人才也决定着企业职业的生存与发展。因此，产业界正在积极主动与职业院校合作，共同为提高企业的发展潜力和未来的发展活力培养高素质人才。其次，受教育经费和生源竞争的压力，职业院校也必然会与产业部门合作。职业院校正逐步由单纯依靠政府援助转向依靠社会多方力量，而在产业部门与教育部门相结合的过程中，校企合作也逐渐成为这两个部门适应社会变革的一种最佳选择。

三、利益相关者理论

R. 爱德华·弗里曼认为，"利益相关者包括两类群体，一类是对企业生存和发展产生影响的个人和团体，另一类是企业行为过程中所影响的个人和团体"[①]。持有公司股票的人，如董事会成员、经理等是对企业生存和发展产生影响的个人和团体，这类人构成"所有权益相关者"；员工、债权人、内部服务机构、雇员、消费者、供应商、竞争者等是企业行为过程中影响的个人和团体，这类人构成"经济依赖性利益相关者"，即与公司有经济往来的相关群体；政府机关媒体等被称为"社会利益相关者"，即与公司在社会利益上有关系的利益相关者。这些利益相关者在企业的发展过程中，因为所拥有的资源不同从而会对企业产生不同的影响。

弗里曼提出的利益相关者理论在企业战略和公司治理运行中得到了极为广泛的应用，特别是20世纪80年代以来，公司的治理和企业的社会责任等问题，在

---

① R. 爱德华·弗里曼. 战略管理：利益相关者方法 [M]. 上海：上海译文出版社，2006.

经济全球化的不断深入以及企业之间竞争不断加剧的背景下，日益成为人们关注的焦点。在这样的背景下，利益相关者理论认为，各种利益相关者的投入或参与是任何一个企业的发展都离不开的，企业追求的利益是涵盖整个利益相关者的整体利益，而不仅仅是某个主体的利益。基于此，企业在承担相应的社会责任的同时，还应该全面考虑其与所有利益相关者、与整个社会的关系。企业的目标已经不再单纯是股东利益的最大化，而是利益相关者整体利益的最大化，是企业自身利益的最大化。

利益相关者理论曾经受到过一些质疑，但因为其存在的合理性也在企业管理中得到广泛的应用，并逐渐拓展到其他领域，成为分析校企合作的重要理论切入点。

从企业的角度来看，利益相关者理论成为企业与高校合作的理论切入点。一方面，在企业的利益相关者中，雇员是一个很重要的群体，雇员的质量如何，直接影响企业的运作，更是影响企业的利益分配。当下，绝大多数雇员来源于高校的培养，企业能否获得满足自己需求的雇员，取决于高校的培养质量。而企业直接与高校对接，尽早地介入人才的培养中去，无疑能更好、更为精准地满足自身对人才的需求。尽早与高校对接，尽早参与企业人才的培养，为企业接收到能即时上岗、符合本公司企业文化、认同本公司管理理念的人员奠定基础。另一方面，在企业的利益相关者中，高校仅是作为"社会利益相关者"身份出现的，企业与高校合作，参与高校的人才培养，直接或间接地帮助高校解决学生的就业问题，是企业承担社会责任的表现。

从高校的角度来看，高校和学生都是重要的利益相关者。高校是组织层面的利益相关者。大学作为非营利性组织，是一个典型的利益相关者组织，每个人都承担一些责任，但没有任何人对自己的行为负全部责任。大学里面的利益相关者包括教授、校长、院长，包括行政人员，包括学生以及毕业了的校友，当然也包括纳税人。高校利益相关者可分为四个层次：第一层次是核心利益相关者，即广大师生员工，主要是教师、学生、管理人员；第二层次是重要利益相关者，即校友和财政拨款者；第三层次是间接利益相关者，即与学校有契约关系的当事人，如科研经费提供者、产学研合作者、贷款提供者等；第四层次是边缘利益相关者，即当地社会和社会公众。在高校这个利益相关者组织当中，学生是作为核心利益相关者的身份出现的，因此，如何满足学生的需求，如何实现学生的优化培养，是高校肩负的重要责任。而对那些绝大多数就业去向选择是企业的学生来说，尽早地让他们与企业接触无疑是优化学生培养的科学路径。

在大学与企业发生关系的开始阶段，二者实际上是彼此不相关的，但随着生产和技术的持续创新，它们也在不断进化，即出现了单方面、偶然的联系，也就是初步合作。由于外界环境的不断变迁，大学与企业之间的关系变得更加密切，逐渐出现了许多双向交流互动的合作计划。最后，大学与企业间的合作逐渐变得更加深入，并且其中的某些方面已达到相互协调的状态。

利益相关者理论在校企合作中适用。校企合作的核心内容就是打破高校相对封闭办学的状况，使高校办学主体实现多元化，并共同参与高校的人才培养。这就涉及多个性质不同、又有各自预期利益的组织结构和个体等利益相关者，比如政府、高校、企业、社会团体、学生等，为此，必须建立一种由政府部门、高校、企业、行业、学生、家长和社会团体等利益相关者共同参与的校企合作的人才培养模式。在进行校企合作人才培养的时候，应该充分考虑到各利益相关者的利益诉求，必须确保最终实现各利益相关者真正参与共同育人和实现各自利益诉求的"双赢"目标。因此，运用利益相关者理论，从"利益"角度出发来剖析和探寻校企合作的有效性问题，既成为一种研究的趋势，也使校企合作成为可能。基于此，作者认为，利益相关者理论为校企合作奠定了理论基础，提供了理论上的合理切入路径。

四、社会契约理论

利益相关者理论为校企合作奠定了理论基础，提供了理论上的合理切入路径，而社会契约理论则为其实现提供了保障。社会契约理论从两个角度为人们诠释了校企合作。

第一，从企业对社会的责任的角度。社会契约是一种常被用于解释企业社会责任的理论。早期的社会契约仅是一种社会规范，伴随着技术发展和工业文明的到来，社会契约随之发展为经济层面的社会契约与社会伦理层面的社会契约。于是，企业作为在人类社会的经济活动中诞生的一种组织，自然被要求去遵守有利于人类社会和经济发展的最基本的社会契约。而且，随着人类社会活动的日益复杂化，企业实际上处在一张由众多共同体所构成的、越来越复杂的大网之中。在这张大网中，企业不是独立存在的，不可能单纯追求经济目的，于是，契约论便为企业参与这种世界新秩序的理解提供了坚实的理论基础——企业通过与社会建立契约而获得合法性，因此，企业的社会责任由一系列契约所规定，这种契约关系要求企业的行为必须符合社会的期望，为社会的改善尽自己的责任。同时，企业的社会责任也由一系列契约所确定。

第二，从保障企业与高校合作关系的角度。卢梭的《社会契约论》是契约论的权威解读，他认为，以契约的方式建立一种可行的行政规则，既能发挥公共力量的防御和保护作用，同时能保障每个人的权利和自由。契约的产生源于人类为了通过合作的方式使自己能更好地生存下去，契约的建立必须是公平的，必定符合全体成员的利益。而且，契约一旦建立，就无法更改。

基于契约论的基本理论，校企合作有了契约的规制与保障。在契约的规制与保障下，校企合作双方对各自的权利与责任都有明确的确定，尤其是建立在书面基础上的校企合作，更是体现了校企合作的法律规范性——契约的建立是平等的，契约一旦建立，不可更改，正如学者吴建新所描述的那样，"在契约的规范和约束下，校企合作双方对各自的责任、义务和权利都有明确的规定，建立在书面基础上的校企合作更能反映校企合作的法律规范性"[①]。

在社会契约理论下，企业与高校联合培养人才，意味着彼此之间既享有一定的权利，同时也必须履行相应的义务，二者在权利义务平衡的情境中培养出让双方都满意的学生。

五、建构主义理论

社会契约理论为校企合作提供了保障，校企合作的目标是更好地培养学生，那么，是否有理论为学生接受校企合作模式提供支持呢？下面来分析建构主义理论。

皮亚杰、杜威等人对建构主义理论做出了巨大贡献，他们不仅使建构主义理论产生了影响，而且使之广泛应用于认识论领域和教育实践领域。建构主义理论在发展过程中形成了三个基本观点：一是个体的知识是在受教育的过程中逐渐建构起来的，是主动的建构，而不是被动地接受；二是个体在构建自己的知识时，主要是通过自己的经验来构建的，即知识是个人经验的具体化；三是知识是在与他人进行沟通、探讨后而达成一致的社会建构。根据这三点内容，我们可以从三个维度研究建构主义如何融入教学实践中：一是学习是学习者主动建构知识的活动，主要是建构内部结构性的知识和非结构性的经验背景知识；二是学习是一个改造和重组顺应原有经验的过程，同时是一个对新信息的意义建构同化的过程；三是尽管知识本身是客观的，但由于每个个体的经验都有其独特性，因此对于知识的理解和感知与其个人经历密不可分。此外，知识产生是个体与其外部环境相

---

① 龚艾蒂.校企合作视域下空乘人才培养研究[M].昆明：云南人民出版社，2020.

互作用的结果。因此，借助学习者之间的有效合作，个体能更加深入和丰富地理解知识的内涵。值得注意的是，知识的获取并不是来自教师的授课，而是完全由学习者自己来建构和发展的。这些知识是学习者个人经历和经验的累积，以及在与其他学习者的互动和交互过程中通过自主建构和思考而得到的。学习者一直处于中心地位，教师的责任和义务是通过有效的方式和途径创设情境，帮助学习者进行意义建构，从而获取知识与能力。

在建构主义理论框架下，有两个重要因素影响学生获取知识——学生的主动性和学生获取知识的环境。既然学生是在与情境的交互作用过程中完成知识建构的，所以，这个情境特别重要。高校是培养学生的重要场所，学生是在校园环境中通过课程教学、实验教学等环节完成知识建构的。企业是部分学生未来的工作场所，如果能把企业整合进来，让学生在企业环境中进行知识的建构，特别有助于学生知识体系的优化，有助于学生对理论知识体系的进一步理解，有助于学生职业技能的具体化。这就是建构主义理论所倡导的学习观念。在建构主义理论中，学生主动地在与情境的交互作用中完成知识的意义建构，使校企合作成为可能。

六、协同创新理论

"协同"概念出自德国物理学家哈肯的《协同学：大自然构成的奥秘》，指的是各个参与方通过密切的沟通与协商，以及相互合作，创造出远超过各自独立行动所能达到的效果。这种协同合作的机制，不仅能优化资源配置，还能激发各方的潜力与活力，实现整体效能和利益的最大化。

"协同"在物理学和自然界中也有所应用，并且能在一定程度上反映社会不断发展与演化的机制。比如，市场在经济领域中，能将各个主体紧密联系起来，并且各个要素及其子系统都会在新能量的作用下重新组合，进而体现出协同效应。协同是一种优化的、有效的组合方式，这种组合方式不仅优化了资金的利用，也加速推动了创新的进程。作为经济领域中的一个系统，企业是协同创新的重要主体之一。

那么，对于高校来说，协同创新意味着什么呢？高校的协同创新理念，是在深植集成、合作、融合以及共享这些核心价值观的基础上，不断追求创新发展的理念。这种理念体现了大学对于教育模式的深刻思考，旨在通过全面提升人才培养的效率、水平和质量，为社会培养出更多具有创新精神和实践能力的高素质人才。协同创新理念的提出和践行极大地改变了我国大学的办学理念，是我国大学在符合高等教育发展规律理念的指导下，谋求具有划时代意义的新发展，是我国大学创新由割裂走向融合、由分散走向集成的客观要求，是大学自身突破传统创新的必然结果。协同创新理念既是大学办学内生的需要，又是社会发展对大学所提出的新要求。一般来说，高校实现协同创新的途径有两条：一是高校内部自我协同创新，即通过高校内部不同院系在科研思想、技能与技术等方面的交流合作，实现高校主体内部的知识共享。二是高校与外部互动发生协同创新，即通过与其他主体的产、学、研协同创新，实现高校与企业的联合办学。

高校和企业是构成社会组织的两大重要主体，二者的合作既能促进经济要素的优化配置，还能满足合作双方的利益诉求。可以从资源整合和成员互动两方面来考量协同创新理论对校企合作的理论支撑（图1-4-1）。

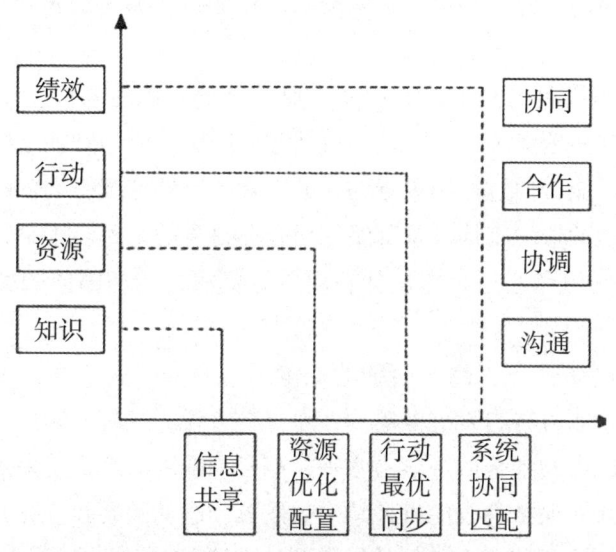

图1-4-1　资源整合和成员互动

从高校的角度来说，协同创新能帮助高校适应行业对人才培养的要求，优化学生的实践教学，提升人才培养质量；从企业的角度来说，能最大限度地获取符合企业发展的人力资源。企业与高校合作的协同创新，能优化高校学生培养的实践能力，能为企业提供满足其需要的人才。

七、资源依赖理论

资源依赖理论认为，整个社会系统是不同利益群体共同组成的、开放的联合体。在这样的联合体中，每个组织都是一个利益群体，有自己独特的目标和个性化的预期。目标和预期的实现有赖于组织内要素的互动以及组织与外部环境的互动，组织内外的互动离不开资源，对于任何一个组织来说，都不可能持有实现自我供给下的组织内外互动所需要的全部资源。相反，在组织的外部环境之中，有众多珍贵的资源可能对组织的内部与外部交互产生影响。由于所有组织的生存与发展都需要依赖外部环境，而不能单独存在，因此，要想确保组织能够生存与发展下去，就需要不断从外部环境中吸收各种资源。

从资源依赖理论的角度来看，一个组织所需的各种资源无法完全依靠组织自身来满足，事实上，组织的正常运作更多的是依赖其内部开展的各种复杂活动的综合作用。在资源依赖理论的指导下，我们可以更深入地理解组织运营的实质，即组织需要不断地从外部环境中获取资源，而这些资源的获取又依赖其他组织或单位的支持。

这种对外部资源的需求的特征使企业和外部组织之间产生了极大的依赖关系，如何管理这些依赖关系是企业不可回避的问题。成功管理这些依赖关系的关键在于，一方面能否通过控制关键的资源来降低对外部组织的依赖，另一方面能否通过占有更多的资源来提高外部组织对企业自身的依赖。于是，企业通过优化自身所拥有的资源和通过合作伙伴获得关键资源，增加整体的实力就成为一种必然。

在市场经济条件下，高校面临的竞争压力亦如企业一样，于是，校企合作成为高校和企业双方各自发展的需要。对高校来说，高等教育的核心要素——教学质量、科研能力及社会服务能力水平，都必须随着社会经济发展和科学技术水平不断提高，才能保持高校的可持续有效发展，这就需要在优化自身内部资源的同时，通过多种途径获得大量的外部资源的支持；对企业来说，技术、人力、组织、战略等因素是企业竞争优势的主要来源，其中，人力资源的丰富性和先进性构成了企业的核心竞争优势。这样，高校与企业各自对核心竞争优势获得的期望，加强了组织间异质性资源交换和整合的需求，校企合作形成的可能性和可行性增大。

于是，校企合作就成为一种把高校与企业之间的资源依赖化解为二者之间互补的模式。校企合作的主体主要是高校与企业，校企合作其实就是高校与企业两大利益主体以资源需求为前提而进行的选择、配置和利用的过程。在校企合作过程中，高校与企业相互提供资源，其中企业为高校提供的资源有场地、捐赠、资金、社会资源和人力资源，而高校为企业也提供了各种资源，如原创性知识与技术、人力资本、声誉、教育管理等。当然，在校企合作中，还有一个显性提供资源、隐性收获利益的组织——政府，政府主要为校企合作提供财政拨款、政策导向、法律与管理规定等资源，并且还会为社会发展和提升生产力提供一定的动力或约束，其获得的资源则是隐性的——高等教育的发展和企业的发展及其所带来的社会的高度发展。

在资源依赖理论框架下，企业与高校联合培养人才，企业提供了绝大多数高校所缺乏的实训场地以及有丰富实践经验的人力资源；高校提供了优质的教师队伍和深厚的理论积淀。二者互为补充，最大限度地满足自身的需求。

总之，上述理论从不同角度为校企合作的实现提供了理论的切入点，在某种程度上也为校企合作提供了方向。

第二章　国内外校企合作人才培养基本模式

本章详细介绍了国内外校企合作人才培养基本模式，主要包括两个方面的内容，依次是国外校企合作人才培养基本模式、国内校企合作人才培养基本模式。

第一节　国外校企合作人才培养基本模式

伴随时代的快速发展，我们所处的社会已经进入一个"大科学"和"知识经济"的发展阶段，多种学科相互渗透、相互交叉成为一个显著的特征。20世纪以来，许多发达国家开始大力发展校企合作办学，这些高校在理论研究与实践教学方面已经取得诸多成绩，通过加入丰富的企业内容，有效促进教育教学事业实现更进一步的发展。这不仅提高了社会中诸多企业的研发能力，也为学校的师生提供了接触社会和施展才华的机会。

如今，世界各国都十分关注高等职业教育领域的发展，认为积极推进校企合作对于提升职业教育质量具有十分重要的现实意义。

目前，国外的校企合作人才培养已经形成比较成熟的理论体系，并且在现实的应用与实践中取得了不错的成绩。发达国家之所以能将校企合作与职业教育巧妙结合，是基于他们对校企双方的准确分析与判断。美国、英国、德国、日本等国家在校企合作的实践探索和理论研究上已形成比较固定的模式，积累了许多可以借鉴的典型经验。例如，德国职业教育的"双元制"、美国的CBE（以能力为基础的教育）人才培养模式、英国的工读交替人才培养模式、日本的"产学合作"模式等，均在不同程度上体现了学校与企业共同培养人才的校企合作模式（表2-1-1）。

表 2-1-1　各发达国家校企合作模式

国家名称	校企合作模式
德国	双元制
美国	CBE 模式
英国	工读交替
日本	产学合作
新加坡	教学工厂
澳大利亚	TAFE 模式

总的来看，发达国家（如美国、德国、英国、加拿大等）校企合作工学结合教育模式具有以下共性：

首先，工学结合学制灵活，确保了学生在学校的理论学习和在企业内的实习得到妥善规划与分配，从而使他们在企业的实习时间能够得到保障。其次，学校教育与企业的需求紧密结合，确保了学校与企业的零距离接触。再次，在对学生的培养方面，企业能够参与其中，同时会为学生提供实践的机会，还会支付一定的报酬，能够激发学生的实习热情。最后，高校与企业合作进行的教育，不仅能为社会的进步培育出杰出的人才，还能在各种层面确保双方实现双赢。

在辩证观点的视角下，人们为了实现更好的发展，应当善于在宏观思维和宏观视角的影响下分析问题并解决问题，在职业教育领域，也应当善于吸收其他国家的经验。在职业教育领域，积极推进校企合作对提升职业教育质量具有重要意义。

从职业教育发达国家或地区的办学经验来看，这些国家或地区普遍重视校企合作，并将其摆在职业教育发展的重要位置，并在长期的校企合作实践中形成各具特色的办学模式。在国际比较视野下，对国内外职业教育校企合作的成功经验进行分析，并以我国职业教育发展实际为依据，取其精华、去其糟粕，有助于提升我国职业教育的校企合作水平。

一、德国"双元制"人才培养模式

在德国教育结构中，主要依赖学徒制（双元制）作为人才培养模式。"双元制"因其实用性而被多国熟知，并且随着各国对职业教育重视程度的提升，这种人才培养模式逐渐成为职业教育研究的重点。甚至有部分国家已经将这种模式纳入职业教育的重要范畴。在双元制教学体系里，企业主要负责提供实践操作方面的教育培训，而学校则负责教授有关的理论课程。德国"双元制"人才培养模式的结构十分复杂，包含不同的参与方、责任方、利益方和行为逻辑。此外，该模式的主要特点包括以下几点：一是做到了理论和实践的有机结合；二是有着多样化的职业教育；三是培训的国际化程度较高。深入研究德国的"双元制"人才培养模式，对于我国教育行业的发展具有借鉴和学习意义。

（一）"双元制"的基本内容

所谓"双元"，指要求参加职业培训的人员必须经过两个场所的培训：一"元"指职业学校，让学生在学校中接受固有的专业知识教育，这能扩充学生的知识储备，为学生今后的学习和发展打下比较坚实的基础，基础知识的认知与了解是他们今后提升自身各项能力的前提；另一"元"指的是企业或公共事业单位等校外实训场所，在校外进行培训，能让学生将在学校中学到的内容进行现实性转化，从而提高自身的专业技术能力。"双元制"人才培养模式在德国十分流行，并且经过多年发展，为德国社会输送了大批专业人才。

"双元制"的核心内容是以理论知识为基础，以应用为目的。"双元制"中，一"元"是负责传授专业知识的学校，另一"元"是主要负责培养专业技能的企业。教学活动在高校和企业轮流交替，校企双方共同培养应用型人才。"双元制"模式是以企业为培养学生的主体，以培养学生的应用能力为中心，以"企业需求、能力培养、职业发展"为原则进行教学，考核以职业要求为标准，由企业和学校共同参与。在具体操作过程中，一般企业培训归联邦政府负责，学校方面由州负责。资金来源有三个渠道：企业的培训经费由私人企业承担；学校经费由所在州或所在地政府承担；涉及跨企业培训的，经费由各相关参与单位一起承担。这种模式结合了学校、企业、市场等方面，企业可以参与职业教育，与学校共同形成完整的教育模式，让学生可以体验与现实社会相近的场景和环境。

德国的职业教育体系是其国家教育事业的一个重要组成部分，扮演着培养技能型人才、促进社会经济发展的重要角色。在这个体系中，学生通常会在完成九年级学业之后，步入两年至三年半的职业教育阶段。这个阶段的教育，旨在帮助学生掌握必要的职业技能，为他们未来的职业生涯奠定坚实的基础。职业教育开展之时，职业院校与企业便会开展全面协同教学模式，学校为学生传授理论知识，而企业为他们提供实践培训。在他们看来，职业教育并不是"成绩差"的表现。人们普遍认为，只有掌握学识与技术，才能算作真正知识渊博的人。也因此，德国的"双元制"职业教育发展得十分迅速且受众极广。德国"双元制"职业培训领域涵盖大约350个不同的职业领域，包括技术、农业、商业和工业部门，也涉及公共行政、保健和社会服务等。

德国"双元制"职业教育对于德国教育事业发展具有深远的意义，具体体现在以下方面：

第一，德国"双元制"为职业教育提供了体制保障。德国的职业教育经过多年发展，已经比较完备，由多部门协同管理，有相对清晰、标准的步骤和要求。其中有联邦文化教育部、经济贸易部大行业协会等，不同的组织和机构具有不同的分工。

第二，德国"双元制"彰显了产教融合的育人特色。德国职业教育明确规定了教学和实训的要求，这些要求与产教融合的育人目标、原则等内容相得益彰。

第三，德国"双元制"保证了生源的产教融合。德国崇尚职业教育，职业教育毕业生的社会认可度高，工资待遇好，个人成就感强。德国在基础教育阶段会实行两次分流，都不以学生的学习成绩作为主要依据和标准，而是考虑学生的个体差异、兴趣爱好、未来职业等。

（二）"双元制"的主要特点

1. 以职业性为主要导向

德国"双元制"教育始终以职业性为主要导向，实现理论教学与实践技术教学的巧妙融合。"双元制"并非单纯意义上的职业教育，而是一个复杂的体系。

首先，"双元制"要求培养学生关于某类职业的必备技能，而不是某个企业所需的技能。在现代的企业制度中，学徒在接受职业培训的过程中，必须严格遵循联邦政府、州政府、行业协会以及工会经过严谨协商所制定的职业培训条例。为了使学徒在培训过程中能够获得更全面的职业技能，提高他们在劳动市场中的竞争力，相关部门在原有的职业培训基础上，引入了基础职业培训。这种培训模式的核心理念是，通过广泛的初级职业资格培训，提升劳动者在各种工作环境中的适应能力，增加他们在不同公司、不同部门甚至不同工作场所之间流转的灵活性。

其次，"双元制"要求培养职业所需要的全部技能，而不是某一方面的"零碎"技能。德国职业教育十分全面，教师专业能力过硬，能够提升学生的"整套"能力。

再次，"双元制"要求打造企业本位的培养模式。在德国职业教育系统中，人们普遍认为必须经过企业的历练，才能成为专业人才，缺乏企业实践，即便个人具有丰富的理论知识，也无法为企业带来长远的效益。

最后,"双元制"常常与特定的职业资格联系在一起。学生想要通过"双元制"的培训进入行业,除了要完成相关的学业之外,还要努力考取职业资格,只有符合相关行业的从业资格要求,才能从事这个行业。

2. 以利益均衡的合作机制为基础

在德国的"双元制"模式中,政府、工会、行业协会和学校都扮演着不同的角色,并且他们对"双元制"的相关规范的形成也做出了一定的努力,也就是经过深入的交谈与沟通,他们对于"双元制"的具体实践达成了一致的看法,并制定了相关标准。此外,在上述的各种组织中,除了政府和学校,其他组织代表了"双元制"的所有利益相关者。其中,行业协会代表了雇主的利益,而工会则代表了学徒的利益。在"双元制"模式下,许多组织和管理机构都能看到这种利益的均衡合作机制。

3. 以企业全面参与为主要方式

在德国"双元制"教学模式下,企业的参与程度很大,校企合作并不只是"走过场",而是深入联系、深入交流,在教学的许多领域都有企业的渗透。

4. 规范体系相对完善

德国"双元制"有相对完整、清晰、科学的规范体系。第一,德国"双元制"有十分完善的法律体系,同时职业学校的义务教育也受到各州学校法的具体规范。第二,《职业培训条例》和《框架教学计划》使企业培训与职业学校教学有章可循。此外,德国还根据上述法律法规制定了比较完善具体的督导体系。

(三)德国"双元制"优秀案例分析

德国应用科技大学以应用科学作为教育核心,注重学生实际操作技能的培养,并且与当地企业界建立了密切的合作伙伴关系。应用科技大学如今已经成为主要的"双元制"课程的提供者。德国应用科技大学以其独特性而备受瞩目,为众多大学的发展提供了宝贵的参考经验。下面以德国巴伐利亚州的代根多夫应用科技大学为例进行分析。该校成立于1994年,共有5个学院,分别是自然科学与工业工程、电气工程与媒体技术、土木与环境、机械工程与机电一体化、工商管理与计算机科学等。这所大学和巴伐利亚州的各个企业之间存在深厚的合作伙伴关系。

1. 别具一格的教学方式与学分管理制度

代根多夫应用科技大学的教学形式主要有两种,分别为常规教学和项目教学。

（1）常规教学

常规教学就是学院在固定的场所提供基础课程教育，包括机械、计算机和电子专业。在常规教学形式中，学生的在校学习时间与以往不同，并不是根据学年进行衡量，而是根据学生完成课程的时间进行计算。学生可在指定时间内选择一门或多门课程报名，完成当前阶段课程的考试后，才能报名下一阶段的课程，直至所有课程考试合格后，才能顺利毕业。

（2）项目教学

项目教学实际上是一种将企业生产和研发过程中所遇到的具体问题，委托给学术机构进行解决的一种教育模式。学院则会根据企业提出的问题，设立相应的项目课题，之后由学生报名参与该项目，项目结束即项目课程完成。

2. 企业全面参与学校的教学和管理

代根多夫应用科技大学的校董会主要由两部分组成：一部分是校内教职工人员和学生代表，共8人；另外一部分是校外企业和研究所的专家，共8人。

企业代表主要是企业高层主管，分别有林德纳（Lindner）、爱德夏（Edscha）等公司的高管。在学校的教学与管理中，企业主管与企业分别在其中担任不同的职责，企业主管主要参与学院的管理与考评，而企业主要参与院校的专业设置与未来规划。在代根多夫应用科技大学中，还有一个校外导师制，校外导师主要是企业有经验的专家，可对学生进行项目研究和毕业实习方面的指导。需要注意的是，只有成绩优秀的学生才能申请校外导师。

3. 企业为学生实习与科研提供优异条件

德国企业一般会在公司网站上发布实习岗位，欢迎学生积极应聘实习岗位。代根多夫应用科技大学的本科学习一般是7个学期，其中在第7学期主要是进行实习和毕业设计。大约有70%的学生会选择以企业中的实际问题来作为论文或设计的题目，并且会在企业中完成毕业论文或毕业设计。学生在企业进行实习时，不仅企业会为学生提供一定的工资或租房补贴，同时政府和基金会也会为学生提供一定的经费，以供学生完成实习和项目研究。

企业除了参与大学的实习外，还会参与大学的项目式教学。企业可以提出项目的题目，由学生组成项目小组来完成项目。另外，为了解决企业中遇到的问题，企业还会安排专业人员和教授来帮助学生完成该项目。

4. 产学研一体化，服务区域经济

许多德国企业都会资助大学设立的实验室或研究所，并且会和高校的教授共同研发和创新产品。如Lindner公司是生产建筑材料的公司，它直接在代根多夫应用科技大学中建立了中小企业研究基金会，并且该公司会安排科研人员与学校的教授共同研发产品，从而使科研成果服务于 Lindner 公司和当地企业。对于这种形式的校企合作，德国各州政府都表示赞同。

对于学校和企业来说，这种校企合作方式是双赢的。代根多夫应用科技大学十分重视与当地企业的合作，并且成立了有针对性的科技园区，这个科技园区主要针对当地企业和行业的特点进行应用性课题研究。此外，在州政府的资助下，代根多夫应用科技大学还创造了一个高品质的科研平台，为企业的创新提供了技术支持，同时为代根多夫周边的中小型企业提供了战略决策支持。

二、美国 CBE 人才培养模式

美国校企合作人才培养主要是 CBE 模式，CBE 即 "Competency Based Education" 的缩写。

（一）CBE 的产生背景

CBE 是在一定的背景下产生的，主要包括以下几方面：

第一，第二次世界大战时期，美国就已经初步出现了以实际能力为基础的教育。当时的美国需要生产大量的军火，许多厂家"民转军"，需要对许多不会从事军工生产的工人、技术人员进行再培训，时间要求和技能要求十分苛刻，此时便诞生了 CBE 的雏形，即注重实践技术能力培养。

第二，CBE 具有丰富的理论支撑。主要有三方面的理论支撑：一是布鲁姆提出的"有效的教学始于准确希望达到的目标"；二是系统论和行为科学，这些理论认为在人的行为中，人的需要、信念、动机、态度和期望都起着至关重要的作用；三是教育目标分类学认为，在教学过程中，只要教师能提供适合学生水平的材料，同时给予学生必要的指导，并给予他们足够的时间进行学习和消化，那么绝大多数学生都能达到规定的学习目标。

第三，20 世纪中后期，美国社会处于快速发展变革阶段，给美国教育体系提出了更高的要求。教育部门为了更加广泛地吸收社会中的意见而大力进行职业培训。

（二）CBE 的基本内容

CBE 是一种以能力为本位的教育模式，即能力中心教学体系。教学体系中的每一个环节都是紧紧围绕学生自身的实践能力而展开的，具体体现在课程设置、培养途径、师资队伍、经费来源等方面。

1. 课程设置

CBE 打破了传统的以公共课、基础课、专业课为主导的教学模式的局限，强调以培养社会实际需要的职业人才为目标，保证学生能够掌握足够的日后所要应用的职业能力。

课程内容根据行业的发展变化及发展现状来设计与确定，强调教学内容更加切合实际，同时又具有预测性，教给学生终身受用的东西。

2. 培养途径

CBE 模式采取学历教育与非学历教育相结合、普通教育与继续教育相结合、全日制教育和短期教育相结合、理论教育与技能教育相结合的办学模式以及不同的学制来开展教育。

3. 师资队伍

CBE 培养模式的师资是由专职教师和兼职教师组成的。专职教师不仅要具备大学学历，还要有 5 年以上的实际工作经验和教学技能考核结业证书；兼职教师都是本行业具有丰富实践经验的工人、技术人员和管理人员、专家和熟练技师，其比例占到教师总数的 80% 以上。

4. 经费来源

美国职业教育的经费主要来源于当地财产税（约占 45%）、州政府拨款（约占 20%）、联邦政府资助（约占 10%）、学生学费（约占 10%）以及其他渠道（约占 15%）。

（三）CBE 的主要特点

第一，CBE 模式将学生具有的职业能力和经验作为入学标准。

第二，CBE 模式将通过职业分析后确定的综合能力作为学习科目，同时将从业能力作为培养目标、教育基础、评价标准。另外，CBE 模式还会根据职业能力分析表将专项能力一一列出，之后根据教学的难易程度，按照由易到难的顺序安排教学。

第三，从教学实施的角度出发，CBE 教学模式更加突出学生自主学习与自评机制，同时，教师在教学过程中担任管理与指导的角色。此教育模式在组织教学时，会以学生为中心，同时会负责基于职业能力分析表中列举的各类能力去分配教育资料，不仅会集中建立学习信息室，还会设计模块式的"学习包"和"学习指南"。这种独特的教育模式,能激发学生的自我学习技能、团队合作的探求观念和创造性的思考,让他们更加符合社会的进步要求,发展为有潜力的人才。学生在制订学习计划时,应该以学习指南和自己的实际情况为依据。在完成学习后,学生应该先进行自我评估,如果认为所完成的学习达到了要求,再让教师进行考核。

第四,CBE模式突出了教学方式的多样性,同时强调应该严格、科学管理教学。例如,应该设置不同的课程时长,以便应对不同程度学生的学习,同时能满足学生根据自己的需求和偏好来选择不同的学习方式和学习时间。具体可以设置全日制或半日制、个人学习或小组学习、听课或自学等多种方式。考虑到学生入学的标准与其学习途径有所不同,同时有着独特的性格和习惯,因此有必要建立一套严谨的、基于科学的管理流程,从而满足教学要求,同时充分发挥出设备的作用。

(四)CBE的具体实施

第一,职业分析。

第二,能力分析。分析从事某项职业或工作必须具备的各种能力,一般由1~12项综合能力构成,而每一项"综合能力"又由若干项"专业能力"构成,一个专项能力又由与职业相关的知识、态度、经验和反馈4个方面组成。

第三,确定准入条件。

第四,知识性任务分析,确定学习掌握专项能力的知识领域。

第五,制定课程目标。

第六,安排学习任务。

第七,成就测验。包括四个方面:一是诊断性评价,测试学习者入学水平;二是形成性评价,为学习者提供反馈;三是终结性评价,检验能力是否被掌握;四是检验培训材料、培训过程、教师和培训者是否适合。

第八,笔试测验。评估学习者在掌握以技能为基础的若干关键相关概念方面的深浅程度。

第九,开发学习包。根据所列的各项专项能力,开发出指导学生掌握各项技能模块的学习材料。

第十,试验。依据学生提供的反馈信息,以及通过实际的教学实践和反复的测验而发现的问题,对学习指导材料进行改进,在此阶段解决和纠正教学中的问题和错误。

第十一，开发学习管理系统，让学生根据自己的情况择时、自定自调学习计划，按照不同顺序完成学习任务。

第十二，在教学过程中，为了满足不同学生的学习需求和教学目标，教师需要根据实际情况灵活地确定和实施课程方案，不断地对方案进行调整与修改，同时需要对能力内容进行评估。

三、英国工读交替人才培养模式

英国工读交替人才培养模式是世界职业教育领域中具有重要意义和重要影响的一种模式。其起步较早，可视为职业教育工学结合在世界上的"首位践行者"，为英国社会输送了大批实践型人才，对英国社会各行业的发展起到了助推作用。

（一）工读交替的基本内容

作为老牌资本主义强国，英国除了在军事领域、经济领域具有突出的成绩之外，教育领域也十分发达。英国的工读交替人才培养模式在职业教育事业中具有重要影响。英国工读交替模式也被称为"三明治"模式，是一种"理论—实践—理论"的人才培养方式。其主要的实施方式是，在两学期之间通过在校授课和企业实践相互交替的方式来提高学生群体的各项能力，包括学习能力、职业能力、综合能力、应用能力等，这样能更加高效地实现应用型人才培养目标。

在工读交替的模式中，学生群体是以"职业人"的身份来参加顶岗工作的。在工作中，他们可以开阔眼界、增长见识、提升实践能力，还能获得比较高额的报酬。英国工读交替的学制一般包括两个类型，分别为长期与短期。前者意味着学生待在学校与企业的时间都比较长，而后者则耗时较短，一般为六个月。在长期的学制中，例如四年制的课程，前两年需要学生在校内学习，第三年则需要进入企业进行实习，而第四年仍需要回到学校学习、考试，并取得证书，也就是"2+1+1"。在英国的长期学制中，工读交替这种培养模式主要有两种形式：第一种形式就是"2+1+1"教育计划；第二种形式是"1+2+1"和"1+3+1"教育计划，这个教育计划共分为三个阶段，也就是在学生中学毕业之后，要先在企业工作一年，之后回学校学习两年或三年的课程，然后再次回到企业工作实践一年。但是不论用哪种方式完成"三明治"课程，学生都需要在最后一年回到学校完成学业。可见，工读交替的重点在于"有始有终"，在学业的初始阶段，学生需要在学校进行学习，即使经过较长时间的企业实践，在最后一年也仍然需要回到学校中，对实践的经验进行总结，加深之前的理论学习印象，从而实现理论与实践的有机结合，促进个人对于职业理解的不断深化与发展。

在多数情况下，英国学生的工作实习单位与实习岗位都是由企业招聘和学校推荐共同完成的。与此同时，学生还可以自己发布个人信息求职应聘，从而更加快速地找到自己心仪的岗位。假如学生长时间无法找到自己适合的工作岗位，那么他就无法毕业，需要继续等待岗位对接完成。

在英国的教育制度里，工读交替的学生大致分为两个类型：一部分是以企业为依托的学生群体，另一部分是以学院为依托的学生群体。以企业为依托的学生群体，都是由企业支付薪水，且可以通过学习来获取更高的职业资格；而以学院为依托的学生群体，在学院学习期间由学院提供资助，而在企业实习时，则由企业支付薪水，并且由于以学院为依托的学生有在企业实习的经验，因此，他们在职业选择方面将会有更大的优势。

（二）工读交替的发展历程

英国是校企合作人才培养发展最早的国家，其独特的工读交替培养模式已经发展了100多年，这种教学模式已经完全融入整体的教育领域之中，这不仅对英国教育事业的发展具有重要作用，对于世界上其他国家职业教育的发展也有重要的借鉴意义。一般情况下，英国工读交替的发展历程主要包含以下几个阶段：

第一阶段：20世纪初至20世纪50年代（萌芽发展期）。

第二阶段：20世纪60年代至70年代（快速增长期）。

第三阶段：20世纪80年代至90年代（成熟发展期）。

第四阶段：21世纪初至今（繁荣稳定期）。

1. 第一阶段

20世纪初，伴随英国社会越来越多的新建工厂出现，社会对于工人的需求量逐渐加大，这时英国已经有一些技术性学院开始了关于工读交替模式的尝试。作为少数学校的单方行为，这种与常规教学大相径庭的模式在发展初期受到了一定的阻力，可谓举步维艰。

不过仍然有部分院校走在了职业教育发展的前列，给其他学校起到了表率作用。其中，最具代表性的就是桑德兰技术学院（现今的桑德兰大学）。在建校之初，学校管理者就已经认识到传统的教育模式并不能适应社会对人才的新需求，传统的教育模式主要是注重知识与理解。因此，学校管理者认为应该在学生的学习过程中加入一些实践活动，即让学生获得一定的工作经验，于是在机械工程学院加入了工学交替式的培养课程体系——"三明治"教育。截至1908年，参与该课程体系的机械类企业共有25家。到了1910年，该课程体系经过改革之后，新增了夜间课程，即学生可以白天工作，夜间学习，并且该课程可以接收两年预科后的专业人员。

随着社会对技术型人才需求量的增加，英国工读交替模式在曲折中逐渐发展壮大。到1956年，英国政府出台了《技术教育白皮书》，正式确立国家技术教育体系，工读交替的教育模式真正进入了正式发展的阶段。《技术教育白皮书》的出台对于英国技术教育的发展具有开创性的意义，不仅有效提高了英国技术院校在教育领域中的地位，同时充分肯定了工学教育模式的现实意义。在各项文件相继出台的背景下，英国职业教育获得长足发展。一方面，参加相关职业教育的学生数量明显增加，在20世纪50年代末期已经突破2000人；另一方面，"三明治"教育的规模急速扩大，许多相关的配套设施逐渐完善，构建出更加适合学生综合能力提升的学习空间。

2. 第二阶段

进入20世纪60年代，英国科技事业不断进步，熟练技术人员严重告急，这进一步促进了工学交替模式的发展。1964年，《产业培训法》出台，该法案主要规定了英国应该设立产业培训董事会和中央培训委员会。产业培训董事会的人员应该由劳资双方代表与教育专家组成，并且人数的构成应该遵循一定的比例。产业培训董事会的主要职责就是负责企业的培训活动，具体可以向所属系统的产业雇主征收1.5%的营业额为其服务。同时，产业培训董事会还应该明确规定培训的设施、培训协调机构的设置等。该法案的提出为产业界参与"三明治"教育做出了重要贡献，从法律和制度上解决了阻碍产业界参与"三明治"教育的训练费用问题，提高了企业参与人才培养的积极性。

英国工程培训委员会在1966年1月对企业的补助标准进行了明确规划。一是如果企业培训的是与国家高等证书和学位有关的"三明治"课程的学生，那么在培训的前52周中，委员会会根据每周每名学生5英镑的标准，给予企业补贴。二是如果企业培训的是与国家学位管理协会证书有关的"三明治"课程的学生，那么在培训的前52周中，企业可以根据每周每名学生的标准获得5～6英镑的补贴。此外，委员会还列出了产业培训必须经历的四个阶段，即基本工作介绍、工作基础培训、技术车间培训、专项训练。其中，每个阶段都需要耗时22周，这样才能确保产业培训管理是规范化的。只要产业培训董事会认可了企业的培训，政府就会大力支持"三明治"课程的开展，并为其提供有力的经济支持。这意味着，英国的"三明治"教学模式已经初步形成"官产"联合共建的链条。20 世纪70 年代初期，英国部分院校又相继创建了丰富的"三明治"课程，总之，这时的英国职业教育已经有了明显的起色与发展。

3. 第三阶段

20 世纪 80 年代之后，英国的"三明治"教育迎来了重要的转型期与变革期。经过了几十年的发展，"三明治"教育已经有了一定的规模，这时的英国政府开始进一步加强企业与学校之间的合作，力图构建二者之间更为稳固的联系网络。例如，1982 年，针对企业提供实习就业岗位不足的情况，英国政府决定对参加"三明治"教育的学生提供一定的资金补助，旨在解决他们的衣、食、住等问题，以便他们更加专注于技术学习的过程。1987 年，英国政府又在《高等教育——迎接新的挑战》白皮书中对经济发展与职业教育之间的联系进行了解释与阐发，并且规定了具有一定创新性的职业教育发展规划，极大地促进了"三明治"教育的发展。此后的几年中，英国政府始终高度关注职业教育，相继出台《90 年代的就业》《高等教育的框架》等文件，推动英国的"三明治"教育逐步进入繁荣稳定期。至此，英国"三明治"教育已经成为英国职业技术教育中十分普遍且极具代表性的培养模式之一。

4. 第四阶段

进入 21 世纪，英国"三明治"职业教育模式进入新的发展阶段。英国政府于 2003 年出台《高等教育的未来》白皮书，对未来各类教育的发展做出统筹规划。其中，政府强调要额外出资建立大量"知识交流中心"，以供学生互相沟通交流，助力职业教育发展，促进学生成长成才。这充分展现了英国政府对于职业教育的高度重视，更体现了英国政府加强校企合作，建立创新教育体系的希望与构想。如今，英国"三明治"教育在高等职业学校的主要教学类型有如下四种：

第一种：学生既要接受职业技术教育，又要接受工作训练，两者交替开展，并且每一项开展的时间都是半年。

第二种：对于四年制的学生群体，其前两年主要接受正式的学校教育，而后两年则要接受系统的工作实践。

第三种：如果课程体系规划是四年制，那么在第二或第三年，学生应该被安排至企业进行实习。

第四种：按照每个学年的教育规划，学生需要遵循一定的课程安排，包括九个月的时间在学校学习，另外三个月的时间在企业中实习。

（三）工学交替的主要特点

英国工学交替教育的主要特点包含以下几个方面：

第一，职业资格等级与学历等级相对应。在英国，学者与政府机构工作人员共同制定了职业资格的不同等级，这些具有差异性的等级分别与不同的学历相对应，如初级职业资格与普通中学相对应等。学生想要不断提升自身能力，就必须坚持学业与职业双管齐下。不过在特殊情况下，职业资格证明具有更高的含金量，如果学生在就读期间拿到职业资格三级证书，便可直接进入大学。

第二，职业教育的课程实践应用性十分明显。英国的职业教育课程并不是停留在书本上，而是真正与现实生活实践相联系。在课程设置上，强调学生的参与性学习与自我学习能力培养，包括课堂参与、独立小组作业、外出考察、毕业论文；学习期间要安排户外实习考察、案例分析，帮助学生熟悉行业经营管理及特色。可见，英国职业教育课程包含的类别十分丰富，且多与实践相联系，只有少数为课堂教学，多数情况都需要学生外出，在社会中和实践中寻找答案，以提升自身的相关能力。

第三，职业教育重视企业所发挥的作用。在英国，工学交替教育并非以学为主，而是更加强调企业的作用，要求企业积极投身教育活动。企业参与教育的形式多样，如雇主在基金会等机构中任职，雇主直接兼任学校领导班子成员，企业参与职业资格制定或认定环节等。

第四，英国政府为职业教育提供了强有力的政策保障与支持。自20世纪60年代以来，英国政府就对职业教育"持续发力"，相继出台各项与职业教育相关的政策法规，对职业教育的发展与完善起到了十分重要的推动作用。例如，1964年《产业培训法》，1987年《高等教育——迎接新的挑战》，此外还有《90年代的就业》《高等教育的框架》《高等教育的未来》等。这对职业教育的发展起到了很好的保护与促进作用。如此一来，英国的教育领域与商业领域都能在比较有利的环境下不断发展。

四、日本产学合作人才培养模式

产学合作是日本职业教育人才培养的基本模式之一，也被称为合作式教学。日本的产学合作模式受西方国家尤其是美国的影响颇深，不过该模式所产生的实际效用与德国的"双元制"更为接近。在产学合作的影响下，日本的职业教育取得了很大的成绩，为日本诸多行业提供了大量应用型人才，极大地促进了日本各项产业的发展。

（一）产学合作的基本内容

20世纪80年代，日本的产学合作进入快速发展阶段。这时，学校与企业之间开始广泛形成一种全新的联系。

一方面，学校向企业提供大量的人才，这些人才具备一定的学术素养，同时有较强的学习能力，将来很有可能成为企业的中流砥柱；另一方面，企业为学校提供了各种硬件设施与岗位培训，帮助学校将学生培养成为具有一定岗位技能的专业人才。

总之，学校与企业的双向互动，对于促进学校发展、人才发展，以及企业市场竞争力的提升都具有很大的帮助。在美国合作教育的影响下，日本出现了产学合作这一教育形式，其主要形式分为以下三种：

1. 产业界向学校投资

产业界向学校投资，指企业以自身雄厚的资金与技术人才作为投资的内容，通过与学校对接，逐渐达成共识，从而为学校提供设备设施、经营管理等方面的支持。例如，日本钢铁联盟就曾出资建立神户钢铁短期大学，学校成立之后，则按照企业的要求培养对口的专业型人才，让学生能够在毕业后尽快"上岗"。这种发展形式在很大程度上缓解了企业人才短缺的压力。

2. 产业界与校方人员深入交流

企业与学校的交流和沟通是促进产学合作不断深化的重点环节，如果缺乏交流，那么即使双方的设想十分美好，也难以将其转变为现实。在这样的形势下，许多学校内部的教师也兼任企业职位，同时，许多企业内部的工作人员也兼任校内职务。这样一来，双方有任何讯息都可以随时进行沟通，从而更加充分地估计学校和产业的需要，以制订更具针对性的培养方案，有效提升学生的实践能力。

3. 企业委托项目

企业委托项目指的是企业根据具体的事项与学校签订合同，委托学校去完成。合同内容包括研究范围、经费、期限、专利、版权所有权和保密责任等。另外，具体的条款还可以包括企业为研究成果支付报酬，并将其运用于实际生产活动中。这种方式对学校与企业资源的整合有积极作用。双方可在人力资本、物资供应、财务支出等领域高效分配资源。这有助于缩小科研人才学术与实际应用的差距，加速科技人才培养。

（二）产学合作的主要特点

日本产学合作具有以下特点：

1. 产学合作的培养目标多样化

在日本，不同的院校有不同的培养目标，即使同为产学合作的重点院校，由于方向不同、理念不同、学段不同，其培养的目标也会存在差异。这种差异是由日本高职院校生源的不同决定的。

例如，高等专科学校主要招收的是初中毕业生，因此这类学校的培养目标就是以传授高深的专业知识技能为主，并且主要培养学生在今后职业中所必需的技能。而各类进修学校主要招收的是高中毕业生，因此这类学校的培养目标就是培养学生的实际生活必需能力和就业能力，并且还要提高他们的文化修养程度。除此之外，还有各种短期大学，这类学校主要面向社会人士，因此主要向他们传授专业、精深的各类技艺，并且还会培养学生职业和实际生活中所需要的技能。

2. 产学合作的专业设置综合化、课程设置基础化

职业教育发展的早期阶段，日本职业院校的学科设置比较杂乱，这不仅容易让学生产生厌学的心理，还难以适应产业结构变革与社会环境发展的需求。于是，日本政府加强对职业教育领域的研究，并且进行大力改革，调整专业结构与学科结构，对曾经的若干种专业、学科进行整理、规划、总结，将原来的标准专业种类由50种融合为34种，将原来的职业科目由314门融合为158门。这样一来，专业内所包含的内容更加丰富，学生所能接触的知识更加全面，他们不仅不容易产生枯燥乏味的情绪，也能接触和了解更加丰富的知识内容。在课程方面，日本职业教育十分重视学生基础知识的传授，基础知识是细致知识的前提和保障，只有基础知识掌握得扎实和牢靠，才能逐渐掌握各专业各领域的进阶性技术。

3. 产学合作的职业资格制度十分严格

学生必须经过层层选拔、重重考核，才能突破难关，达到相关部门的要求。

4. 产学合作注重师资队伍的建设

日本对于职业教育师资的标准化程度给予了极高的关注。这一点在日本的《学校教育法》中得到了充分体现，该法规对高等职业院校教师资质的规定做了详尽的阐述，除了对教师的学历有所要求，还较为注重他们在工作、生产、管理以及提供服务过程中的实际经验和工作经历。为此，日本建立了多样的高职教师

在职培训制度，如新晋教师要在规定时间内完成进修学习，包括校内进修与校外进修。同时，教师还要广泛开展听课、实践等活动，用以提升自身的专业能力。此外，日本有关部门还大力吸收外界优秀人才，用以充实高职师资队伍，这对于提升教学质量具有很大的帮助。例如，1988年修订《教育职员许可法》，新设特别资格证书和兼职教员制度，这吸引了大量具有专业知识与专业技能的人才参与产学合作。

五、新加坡教学工厂人才培养模式

新加坡作为亚洲地区的发达国家之一，历来十分重视教育。自20世纪60年代至今，新加坡的教育事业发展突飞猛进，并且取得了世界瞩目的成绩。

（一）教学工厂的基本内容

"教学工厂"一词是由新加坡南阳理工学院前院长林靖东先生结合新加坡国情，并在借鉴其他国家先进教学模式的基础上所提出的一种重要创新理念。其主旨在于按照工厂的模式建造学校，从而构建全方位的工厂实践环境。

新加坡教学工厂是在借鉴德国"双元制"基础之上，具体分析新加坡实际情况而制定的一种特殊的人才培养模式。简单来说，教学工厂就是一种将先进的教学设备、真实的企业环境引入学校并与学校教学有效融合，形成学校、实训中心、企业三位一体的综合性教学模式，实现了企业实习、企业项目与学校教学有机结合。在教学工厂中，学校可以对学生进行理论教学，同时由于学校和工厂的紧密结合，学生还能接受紧密联系现实的实践教学。

在教学工厂的模式下，第一年主要是基础课教学，教师要让学生充分掌握专业相关的大量理论知识，为今后提升实践能力打好基础；第二年主要是专业课教学，教师对学生进行具体化和针对性的教学，同时加入适当的岗位技术实践展示环节；在第三年，前半年学习应用型课程，后半年则要进行基础技能训练。总之，教学工厂对每一学年的规划和要求都十分明晰，学生需要按照既定的规划来完成学习任务，达成学习目标。

教学工厂对于教师群体也有很高的要求，所有的专业课教师都要具有三年以上的企业工作经验。同时，新加坡还具有完善的师资队伍考核机制，师资评价具有多样性，从而有利于形成良性的激励机制，使师资队伍始终能够保持积极向上的状态。

（二）教学工厂的主要特点

1. 教学工厂旨在培养具有综合素养的优秀人才群体

教学工厂要求挖掘不同学生的潜能，根据学生的兴趣差异、专业差异、天赋差异来对他们进行深入分析，并根据分析结果制定相应的培养策略，以提高他们的综合能力，从而满足企业的发展需求，更好地推动社会建设与国家发展。

2. 教学工厂具有一定的前瞻性

教学工厂的专业设置和课程设置始终紧密联系市场，以市场为导向，以发展为需求，将发展目光放得比较长远，依据经济的发展形势做出规划。

3. 教学工厂实行双轨制教学与无界化合作

教学工厂实施分级模式，对每一个学生进行"私人订制"，同时在教学中倡导以学生为主体的"整合式""反复式""处境式""渐进式"等教学方法，从而大幅提升学生学习的积极性和主动性。在具体的教学实践中，教学工厂注重学生的亲身经历，要让学生每学期至少有8周时间下厂实习，并且要求企业管理者对学生进行准确评估。为了保证每年都有学生与教师一起做项目，而且满足学生到企业实习不间断、企业生产不断线，所有的专业在第三学年都实行双轨制教学模式，即把学生分为A、B两组，第一学期A组开展专项培训、B组进行全日制企业实习，第二学期再对调。在项目管理上，强调各专业之间的全面合作，即"无界化"合作，营造项目无界化、师生无界化、系部无界化、技术无界化的文化氛围，充分有效地使用教学资源。

4. 教学工厂的学习环境具有很强的真实性

新加坡高职院校在政府、企业的多方支持下，具有十分丰富的教学设备。在课程中，学生可以切身体验各种不同的教学设备，还能在实验室中获得十分真实的体验，这在深化学生对于实践的领悟程度方面具有重要作用。

六、澳大利亚TAFE人才培养模式

（一）TAFE的基本内容

TAFE是Technical And Further Education的简称，中文意思是职业技术教育学院，澳大利亚TAFE是国际认可的四大职业教育培养模式之一，具有很高的认可度与知名度，是澳大利亚教育领域的重要组成部分。1973年3月，澳大利亚联邦政府成立了澳大利亚技术与继续教育委员会，着重培养专业技术人才。此后，该委员会要求把技术教育与继续教育联系起来,把学历教育与岗位教育结合起来,采取理论与实践、知识与技能相匹配的教育培训方式,于是技术教育便开始被称为技术与继续教育。

澳大利亚 TAFE 具有多重优势:

首先,TAFE 每年都能提供数以千计的职业和非职业课程,这些课程实用性较强,且容易理解。同时,学生还能在课余时间自学。

其次,TAFE 一般都是小班制,每班 15~30 名学生。小班制最大的好处就是教师能与每一个学生进行接触和交流,确保了教师对学生的深入了解,也给了学生更多的提问机会。TAFE 的学制一般是 1~2 年,教学内容是实践工作和课堂教学相结合,也有些课程采取大学的授课方式。

最后,澳大利亚 TAFE 的文凭得到了各行业的广泛认可。例如,两个学生,一个大学本科毕业,一个 TAFE 学院毕业,面对同一个工作职位,企业领导会更加偏向于后者,这是因为 TAFE 毕业生接受的教育是理论与实践相结合的职业教育,而本科生偏重理论知识方面的学习,在入职之后,本科学生可能还需要更长时间的培训才能适应工作环境。

(二)TAFE 的发展历程

澳大利亚 TAFE 的发展历程主要包含五个阶段,分别为萌芽期、起步期、发展期、成熟期、繁荣期。

1. 萌芽期(1946—1970 年)

澳大利亚职业教育的萌芽可以追溯至 20 世纪 40 年代。1946 年,第二次世界大战刚刚结束不久,许多从战争中走出的退役军人需要融入社会,适应新的发展模式与发展目标,社会也需要吸纳大量的劳动者,于是,出现了一些技术学校。这类学校大量招收学员,强化他们的劳动实践能力,不过此时的职业教育难度较低,多为手工业劳动。这可被视为澳大利亚近现代职业教育的萌芽。

2. 起步期(20 世纪 70 年代)

20 世纪 70 年代是澳大利亚职业教育的起步期。1973 年 3 月,澳大利亚联邦政府成立了澳大利亚技术与继续教育委员会。次年,该委员会向教育部部长提交了一份坎甘报告,报告中包含 TAFE 的相关内容,因此,坎甘报告的提交意味着 TAFE 的发展之路正式开启。

3. 发展期(20 世纪 80、90 年代)

20 世纪 80 年代,澳大利亚的经济结构发生调整,出现了许多新的产业,而这些新的产业急需更多高素质人才来填补人才空缺。1981年，阿德莱德建立了TAFE研究中心，加强了更大范围的研究与合作。

4. 成熟期（20世纪90年代）

20世纪90年代，澳大利亚的职业教育事业进入成熟期，相继出台多项报告，并且成立多所相关机构。例如，1992年联邦政府成立了国家培训署，1995年建立职业资格框架，1998年建立职业资格认证框架等，这对于TAFE模式的发展与演变具有重要的现实意义。

5. 繁荣期（21世纪至今）

进入21世纪，澳大利亚TAFE教学模式取得了长足的发展，并且逐渐走上国际化的发展道路。一方面，越来越多的留学生进入高等教育机构进行学习；另一方面，澳大利亚与国际高等教育机构开展教育合作。随着知识经济时代的来临，各领域技术交流日益频繁，TAFE正在国际化的趋势下越走越远，并且得到了世界多国的高度关注与认可。

第二节　国内校企合作人才培养基本模式

一、科技成果转化模式

根据高职院校与市场环境融合互动的深度，高职院校科技成果市场化和产业化的程度也各有不同。根据产权形态不同，高校科技成果转化模式又可被细分为合作形态模式与非合作形态模式。

科技成果转化模式如图2-2-1所示。

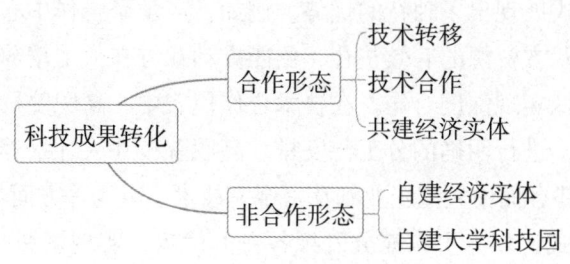

图2-2-1　科技成果转化模式

（一）合作形态模式

合作形态模式主要包括技术转移模式、技术合作模式、共建经济实体模式三种。

1. 技术转移模式

技术转移模式作为高校早期参与科技成果产业化的核心途径之一，扮演着至关重要的角色。简而言之，技术转移是指院校研发所产出的专利技术，通过一系列渠道和机制，向社会各界进行转移的过程。这个过程不仅促进了科学技术成果向现实生产力的转化，而且推动了经济社会的发展。技术转移模式的显著优点在于其强大的协同效应和资源整合能力。对于企业而言，高职院校的创新成果犹如一股清泉，为企业提供了源源不断的技术支持和智力资源。企业可以从中吸纳有益成分，有效弥补自身技术资源的结构性短缺，进而加快自身完善与创新的步伐。这不仅促进了新产品、新工艺的开发，还提升了企业的整体竞争力。针对当前技术转移模式在实践中遇到的一些挑战，我们需要从技术转移模式的各个方面进行深入的分析和改进。首先，加强院校与企业的沟通与协作是关键。通过建立长期稳定的合作关系，双方可以更加深入地了解彼此的需求和优势，从而实现更加精准的技术转移。其次，企业应积极参与创新过程，分享创新信息，以便更好地培养自身的研发人员。此外，政府和社会各界也应发挥积极作用，为技术转移创造更加有利的环境。例如，政府可以出台相关政策，鼓励企业和院校进行技术合作；同时，社会各界也可以通过资金支持、技术培训等方式，推动技术转移模式的优化和发展。

2. 技术合作模式

技术合作模式作为资源优势互补的一种典型形式，已经逐渐成为推动高职院校与企业之间合作的重要桥梁。特别是在与中大型企业共同建立培训中心的背景下，技术合作模式展现出了独特的优势。例如，产学研合作中心、技术开发中心等，不仅有助于双方资源的有效整合，更能推动双方在人才培养、科技创新、产业升级等多个领域实现深度合作。在技术合作模式中，高职院校与企业能根据自身的优势和特点，进行明确的分工与安排。高职院校在人才培养、科研创新等方面具有独特的优势，而中大型企业则在资金、技术、市场等方面具备强大的实力。通过技术合作模式，双方可以充分发挥各自的优势，实现资源共享、优势互补，从而最大化提高合作效率。以产学研合作中心为例，这种合作模式将高职院校的科研实力与企业的市场需求紧密结合，推动了科研成果的转化和应用。高职院校的科研人员可以针对企业的实际需求，开展有针对性的研究，从而为企业解决技术难题，推动产业升级。同时，企业可以为高职院校提供实践平台，帮助学生更好地将理论知识与实践相结合，提高人才培养质量。此外，技术开发中心作为另一种重要的技术合作模式，为高职院校与企业之间的合作提供了更加广阔的舞台。在这种模式下，双方可以共同开展技术研发、产品创新等活动，推动科技成果的转化和应用。这种合作模式不仅有助于提升企业的技术水平和市场竞争力，还能为高职院校的科研创新提供有力支持。技术合作模式对于推动高职院校与企业之间的合作具有重要意义。通过明确分工、资源共享、优势互补等方式，双方可以实现人才培养、科技创新、产业升级等多个领域的深度合作，为推动经济社会发展做出积极贡献。

3. 共建经济实体模式

共建经济实体模式是高职院校参与科技成果产业化过程中与其他组织合作的一种高层次、紧密型的合作模式。这种模式的出现，旨在促进科技与经济的深度融合，推动科技成果的转化和应用，实现产学研用一体化的目标。共建经济实体模式的特点主要体现在以下几个方面：首先，高职院校作为技术创新的源泉，提供技术、文化等软件条件，能为合作的经济实体提供强大的技术支撑和文化引领。企业则负责提供资金、设备、场地等硬件条件，能为合作的经济实体提供坚实的物质基础。这种合作模式实现了技术与资本的有机结合，为科技成果的产业化提供了强有力的保障。其次，院校作为合作一方，对共建的经济实体拥有独特的管理方式。这种管理方式既体现了院校对科技成果产业化的重视和投入，也确保了合作的经济实体在发展过程中能够遵循科学规律和市场规律。院校的管理包括科研项目的管理、人才培养的管理、技术转移的管理等，这些管理共同促进了合作的经济实体的稳健发展。最后，共建经济实体模式明确了院校与企业之间的权、责、利关系。这种明确的权责关系确保了合作双方能在合作过程中各司其职、各尽其责，共同推动社会的发展。同时，明确的利益关系激发了合作双方的积极性和创造性，为合作的经济实体注入了强大的发展动力。共建经济实体模式通过实现技术与资本的有机结合、独特的管理方式以及明确的权责关系，为科技成果的产业化提供了强有力的保障。同时，共建经济实体模式为高职院校与企业之间的深度合作提供了广阔的舞台，为推动我国科技与经济的深度融合注入了强大的动力。

（二）非合作形态模式

非合作形态模式主要包括自建经济实体模式、自建大学科技园模式两种。

1. 自建经济实体模式

自建经济实体模式是指高校自己创办经济实体，并且是高校利用自己的专利技术进行创办的。需要注意的是，这里的高校是指那些拥有人才优势且具有较强科技实力的高校。例如，北京大学创办北大方正集团有限公司、清华大学创办同方股份有限公司。自建经济实体模式为高校与环境互动和融合的最高形式——大学科技园的发展奠定了基础。高校自建经济实体是在政府实施的一系列宽松政策、技术方面不断成熟以及高校自身财务实力不断增强的基础上形成的。在这个模式下，高校可以更自由和更灵活地践行自身的管理思想和组织文化。这不仅可以提升高校的教育质量和研究水平，更有利于高效地培养出符合社会需求的专业人才。

2. 自建大学科技园模式

自建大学科技园模式是指高校凭借研发人才、机构、场地及设备，吸引社会资金、企业及人才入驻，建立研发基地。利用科技园可以整合科研成果与社会资源，实现科技成果的产业化。大学科技园代表了高校参与科技成果产业化的最高水平，是高校功能的延伸和拓展。自建大学科技园模式的优势在于，使高校最合理和最高效配置其创新资源，促进科技成果转化为产业，为培养卓越人才提供了最大的自由，是最有效的组织形式。

二、科技攻关项目模式

科技攻关项目指的是涉及国民经济诸多领域，并且亟须创新发展的重大科技项目，这类项目的技术难度很高，在经济发展与转型中发挥着重要的作用。科技攻关项目模式是指高等院校与企业建立合作机制，共同承担国家、地方以及产业领域的科技攻关项目，从而实现校企合作。

通过科技攻关项目模式，学校可以和企业深化交流合作，共同探讨学术前沿问题，对行业实时资讯进行分析，从而促进企业技术升级。同时，学校在人才培养方面可以巧妙借鉴企业的发展思路，从而培养更多的高端人才。

科技攻关项目模式在具体的实践过程中，需要注意两个方面：加强项目的中后期管理和建立科研项目管理工作机制。

加强项目的中后期管理可以通过建立合同管理制度、经费制约制度、检查验收制度等方式实现。

第一，建立合同管理制度。招标单位和中标单位采取签订合同书的形式，而中标单位与协作单位则采取签订协作合同的形式。合同书的内容与协作合同的内容是不同的,其中合同书的内容主要包括工作方案、技术考核指标、经济考核指标、经费使用计划、示范技术路线或工艺流程、课题主持单位、课题主持人、课题参加人及人员分工等。协作合同要在合同书的基础上,添加协作分工经费、分配内容,确保双方不会因为经费纠纷而影响项目的顺利进行。

第二,建立经费制约制度。也就是在拨付补助经费时,可以采取分阶段的形式。例如在签订合同之后,可以拨付50%的经费;在项目中期阶段,如果项目正常开展,可以再拨付30%的经费;最后项目验收合格之后,可以将剩余的经费全部拨付过去。这样可以确保项目按照合同正常执行,直至项目完工。如果在项目执行过程中,发现没有按照规定合同执行,则可以停止经费的拨付,直至将原来拨付的经费全部追回。

第三,建立检查验收制度。在项目的检查与验收方面,也可以采取多种方式相结合的形式进行,如阶段检查、年终总结、到期验收等。首先,阶段检查是在项目的关键时期进行,便于及时发现和解决问题。其次,负责执行这些项目的机构必须递交一个详细的年度总结报告,以便更为深入地了解项目的年度进展情况和下一个工作年度的规划方案,从而确保项目按照既定计划顺利进行。最后,合同到期时,须及时验收。完成或超额完成合同指标的单位,将获得嘉奖;超出期限或未达验收标准的单位,项目不合格,经费停拨;限期内未完成任务的单位,则取消项目承担资格。

科研项目的管理工作机制主要包括两个方面,分别是科研绩效评价运作机制和科研项目管理预警机制。在对科研项目的管理工作机制进行创新时,必须根据高等职业学校科技管理工作的特点和具体情况进行,不仅要建立科研绩效评价的运作机制,还要建立健全科研项目管理预警机制,强化科研项目风险管理,防范与规避项目风险,健全预警指标体系。总之,只有通过以上多种渠道的完善与机制体制的建立,才能实现高效的科研项目攻关。

三、全面合作模式

全面合作模式指院校与企业之间签订长期全面合作协议或战略合作协议,双方除了可以在人才培养方面开展深度合作之外,还能够在科研、生产、经营等方面开展合作。

同时,在人才培养领域,企业也能积极参与,为学校的人才培养建言献策,与学校共同构建技术型人才的培养目标、教学计划、教学内容等。学校和企业之间主要以科研项目为纽带，通过解决企业在生产过程中遇到的科学技术等问题，实现提高学生创新能力和实践能力的培养目标。在技术开发方面，高校可以利用自己的技术力量为企业提供产品开发、市场推广服务；在社会服务方面，高校为企业提供咨询服务和教育培训。总之，全面合作模式在校企合作的程度上更加深入，双方能够实现充分的交流，紧密结合教学活动与生产实践。

四、实体合作模式

实体合作模式一般有校办企业模式、行业办学模式、校企实体合作型模式三种。

（一）校办企业模式

校办企业就是高职院校兴办的与开设专业密切相关的企业，一般是根据有关专业的培养目标而建立的。学校可以利用校办企业实现校企合作，建立一个开放性的企业化管理的实践教学基地，并且该教学基地是融合了教学、生产和科研的基地。

学校在兴办企业时，有着充足的优势，如技术优势、设施设备优势、人力资源优势等，并且企业的兴办还能满足学校转化科研成果的需求。另外，校办企业不仅能生产经营，还能为学生提供实习的场所。对于校办企业中的职工，既可作为企业的生产人员，也可作为"双师型"教师，对学生提供实践教学指导。校办企业还可以作为教师进修的培训基地。

（二）行业办学模式

行业办学模式是指由行业自主办学，政府将学校纳入该行业的管理体系，以实现产学研的融合。高校在培养人才时，应该紧密贴合本行业用人单位对人才需求的数量与所具备的技能，另外需要结合用人单位来制定专业规格，并共同培养人才，之后高校将人才输送至用人单位。

（三）校企实体合作型模式

校企实体合作型模式类似股份制结构，学校仍旧保持独立的社会性质，而企业作为参与方，通过设备、场地、技术、师资、资金等多种方式向学校注入股份，共同进行办学合作。这种模式有利于企业更多地参与学校管理事宜，从而构建校企一体化管理平台。

五、高校社会服务模式

高校社会服务模式指高校在校企合作发展过程中，为了赢得企业的信任与支持，从而为企业提供多项服务的一种模式。通过高校的付出，企业自身的经济效益一般会明显增加。相应地，企业也会派出经验丰富的员工帮助学校完善和丰富实训课程，让课程更加贴近实际，与真正的生产活动接近。

高校社会服务模式是社会发展的需要，也是高校发展的要求，具有十分重要的现实意义。20世纪中后期，我国高等职业院校开始规模化办学，高等教育事业不断发展壮大。作为高等教育重要组成部分的高等职业教育也风生水起，得到快速发展，为社会经济发展培养了大批技能应用型人才。与普通本科教育相比，高职院校以服务为宗旨、以就业为导向的办学理念和实践，表明其服务社会经济发展的功能更加直接和突出。近年来，国家有关部门也出台了一系列政策鼓励和促进高职院校的发展。由此可见，充分发挥高职院校的社会服务功能对于高等教育乃至社会发展进步都有一定的积极作用。

六、"订单式"培养模式

"订单式"培养模式是如今高职院校校企合作人才培养的重要形式之一，能够促进校企双方共同制订育人计划，充分发挥育人资源。

（一）"订单式"培养模式简介

"订单式"人才培养模式，是一种将企业与学校紧密联系在一起的教育方式，是由企业按照协议约定安排学生就业的合作办学模式。企业与学校之间签订一份用人协议，基于这份协议，双方共同开发并实施一个详细的人才培养计划，共同参与学生的培养过程，旨在实现预定的人才培养目标。"订单式"培养模式中主要包括三方主体，分别为学生、学校与企业。以上三者如果能时刻保持一致，在意愿上始终统一，则能更好地实现校企合作的预期目标，促进学生群体实现就业理想，并且对当地相关产业的发展也会起到一定的积极作用；反之，如果其中任何一方存在异议，那么很可能会导致校企合作活动中止。

因此，"订单式"培养模式必须在开始之前进行全方位协商，尤其是企业与学校所签订的各类协议，必须严格规定各方的权利和义务。在具体的实施过程中，校企双方还需要共同制订培养方案，共同确立培养目标，共同完成教学计划等。总之，"订单式"培养模式不仅是培养技术型人才的重要模式，还是以"人才共建"为纽带的一对一合作模式，需要高职院校引起高度关注。

（二）"订单式"培养模式的意义

第一，对于高职院校的学生有多种益处。首先，"订单式"培养模式为学生提供了充足的实践岗位，让他们在实践的过程中将自身所学应用于工作岗位，切实提升自身实践能力与操作能力，同时对他们的思维能力与创新能力也有一定锻炼和帮助。其次，"订单式"培养模式能减轻学生的经济压力。学生在读书期间除了父母的支持便没有其他资金来源，难免会遇到经济困难的情况，而企业一般会为学生提供一定的实习岗位补助金。最后，学生进行长期实践也相当于给未来的职业生涯提前"铺路"，毕业后上岗速度更快，晋升发展道路更长。

第二，对于高职院校的未来发展有一定帮助。"订单式"培养模式能帮助高职院校明确自身发展定位，明确未来发展方向，并根据发展的倾向制定符合学校实际情况的发展方略，使教育更好地适应社会需要。

第三，"订单式"培养模式是一种将理论知识与实际操作紧密结合的培养方式，在这种模式下，学校和企业之间的人员往来十分频繁，双方人员有机会深入交流，分享经验，彼此了解。这种互动不仅有助于增进双方的感情，还能建立起深厚的友谊，从而为学校和企业之间更深层次、更广泛的合作打下坚实的基础。

第四，这种合作模式对于校企双方来说都是非常有益的，因为它能使双方实现优势互补。具体来说，企业可以充分利用学校人员的智力资源，从而在产品研发、技术创新等方面获得更多的支持和帮助。与此同时，学校也可以借助企业的设备条件优势，为学生提供更好的实践平台和实习机会，从而提高他们的实践能力和综合素质。

（三）"订单式"培养模式的实践

"订单式"培养模式的实践具体需要经过三个步骤，分别为合作企业的选择、签订校企合作协议和"订单式"培养的计划安排。

1. 合作企业的选择

在开展"订单式"培养模式之前，高职院校先要对众多企业进行选择，要找准符合学生实践需求的企业。从长远的角度来看，合作企业一定要具备持续扩张、优待人才、上升空间、热衷教育、管理科学等特点，只有这样的企业才能在校企合作的过程中让学生学到丰富的实践性知识，从而提升其专业能力。

2. 签订校企合作协议

高职院校选定合作企业之后，就要与之签订合作协议，之后的一切合作事宜都需要在合作协议的限制与要求下进行，以确保合作活动合乎规范，保障学生在实习培训过程中的个人权益不受侵犯。

3．"订单式"培养的计划安排

具体计划需要由校企双方共同制订。学校比较清楚不同专业学生的发展方向，要预先制定学生实践培养的目标，而企业则对各专业所对口的行业有深入了解与透彻分析，能帮助学生快速熟悉岗位，了解行情。因此，计划必须明确分工，由学校与企业各自针对擅长的领域对学生进行安排。

七、工学结合模式

工学结合模式就是以提高学生的全面素质、综合能力和就业竞争能力为主要目标的校企合作模式。工学结合的主体主要有学生、企业和学校。工学结合模式就是将学校学习与校内外实验、实训和企业顶岗实习相结合，同时利用学校和企业两种不同的教育环境和教育资源，发挥两者在人才培养方面的优势。简而言之，工学结合就是一种将学习与工作紧密结合的教育模式。这种模式以职业发展为导向，深入融合了学校内外部的各种教育资源和环境。它不仅包括以课堂为主的学校教育，还融入了直接获得实际经验的校外工作，将二者有机地结合在一起，贯穿培养学生成长的整个过程。

工学结合模式最大的优势在于能够帮助学校与企业互相弥补对方的不足。学校虽然具有比较完备的教学条件，具有雄厚的师资力量，但是其实践性教学较弱；企业虽然能为学生提供许多实践岗位，但是系统性的理论教学效果不佳。工学结合恰恰能实现学校与企业的优势互补。学生在这种模式的培养下，既能全面接受理论学习，还能进行生产实践，更好地实现"学中有工""工中有学"。

八、实习基地模式

实习基地模式是通过构建实习基地来提高学生群体实践能力的培养模式。

（一）实习基地模式简介

实习基地模式是一种校企合作模式，即利用企业的生产与经营资源，为学生打造一个用于培养专业技能和职业素质的实践教学场所。在这样的基地中，学生可以顶岗实习，还能置身于真实的工作环境中进行自我教育，从而掌握未来就业所必需的知识和职业技能。在这个模式下，人才培养的目标和计划主要由学校提出、规划和制订。学校承担了绝大多数的培养任务，企业只需要与学校进行适当的沟通，尽量满足学校要求，为学生提供校外顶岗实习的基地即可。

实习基地的良好运行是开展实习教学工作的基础和质量保证，这种校企合作人才培养模式，打破了传统职业学校的封闭式教育模式，对学校原有的教学管理提出了更高要求。

（二）实习基地模式的原则

第一，坚持"互利互惠、共同建设"的原则。学校可以充分利用基地条件来安排学生的实习，进而培养学生的创新能力和实践能力。另外，学校可以和基地研发机构一起加强生产、教学及人员的培训工作。

第二，坚持质量第一的原则。在建设实习基地时，应该将教学质量放在首位，还要确保实习基地能完成教学大纲规定的各项内容，确保学生能在实习过程中得到有效锻炼，并提高学生的综合能力和实践能力。此外，还要确保实习教学的质量和安全。

第三，坚持素质教育的原则。实习基地应当具备一个优良的育人环境，这样的环境对于学生的全方位素质发展至关重要。在这个环境中，学生能得到全面的培养，既能提高思想道德素质和科学文化素质，又能提高业务素质和身心素质。

（三）实习基地模式的类别

实习基地模式具有不同的类别，其类别的划分与政企校三方有密切关系。如图 2-2-2 所示，为实习基地模式的种类。

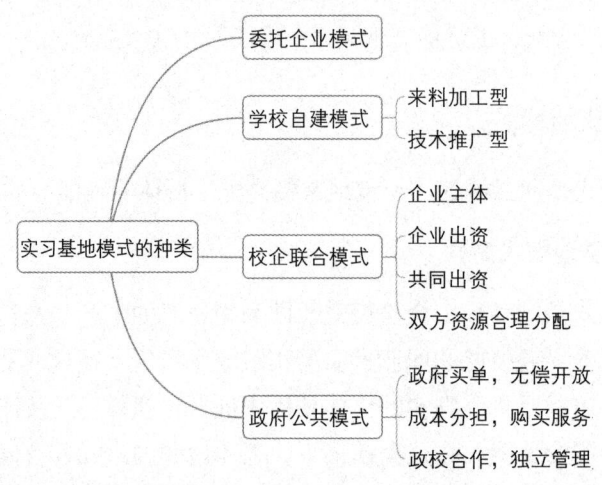

图 2-2-2　实习基地模式的种类

1. 委托企业模式

委托模式的实质是一种将整个实习教学环节外包给企业的模式，主要由一家或者多家企业承担起实习基地的建设和运营工作。他们出资兴建实习基地，并负责日常的经营管理。

实习过程完全依靠企业当前拥有的场地、设施、仪器、技术及兼职教师。学校根据企业制订的实习方案，选择特定的场所让学生进行实习，由基地的指导教师进行指导。需要注意的是，在指导学生进行实习时，基地指导教师不能影响到正常生产。委托企业模式的特征就是市场化。在这种模式下，由企业自行制定服务项目，并进行服务收费，但是政府会对这种行为进行干预，例如通过财政补贴和税收优惠等政策进行干预。

委托企业模式适合学校与大型生产企业合作，这种模式下的实习基地具有一定的公益性。

2. 学校自建模式

学校自建模式是一种创新的教育实习模式，它主要是指由一所或多所院校担任实习基地的资金投入方，充分运用自身所拥有的先进设备和技术优势，同时结合市场化的运作机制，来经营生产性的实习基地。

（1）来料加工型

这种形式就是学校主动承接社会上的各种产品加工业务，并充分利用学校现有的设备，使学生群体在教师的指导下完成生产实习任务。

（2）技术推广型

这种形式指学校依托科研技术优势，设立创业园或科技园，鼓励师生面向企业研发新产品、新技术，并广泛推广学校的研究成果。

3. 校企联合模式

校企联合模式就是学校和企业共同投资建设实习基地，共同发展战略合作关系。需要注意一点，这一切行为都需要在互惠互利的原则上进行。校企联合模式的特点主要有资源共享、优势互补、风险共担。

校企合建实习基地的方式可分为如下四种：

第一，以企业为主体，学校给予配套的设施。

第二，企业出资或资助设备，学校提供场地或人员。

第三，由校企双方共同出资建设和经营生产性实习基地。

第四，学校提供场地、设备和管理人员，企业提供相关原材料和技术人员。

4.政府公共模式

政府公共模式也就是由政府出资建设、管理基地，基地具有较强的公益性、公共性和示范性，并且该基地主要向区域内的社会培训机构、各类院校和企业开放。

政府公共模式的管理与运作机制可以大致分为如下三种：

第一，"政府买单，无偿开放"机制，也就是由政府负责建设、维护和运行基地，并且面向全社会无偿开放。

第二，"成本分担，购买服务"机制，也就是说，政府设立事业单位理事会，将其作为法人治理机构，专门负责该基地的建设和运营工作。在培训方面，政府会针对不同的培训对象提供相应的资金补贴，以减轻他们的经济负担。但是，企业、社会培训机构以及职业院校仍需自行承担一部分成本。

第三，"政校合作，独立管理"机制，也就是说，基地是由政府和学校共同创建的。在运营管理上，政府起主导作用，负责独立管理。为了确保资金的合理使用和透明度，基地会设立一个独立的账户，所有资金都会专款专用。在收入方面，所有收入都会上缴给财政部门进行统一管理。基地会根据实际需要，通过预算的形式向政府财政部门申请资金。这种运行机制的建立，可以大大提高实习基地资产的利用效率，避免了基地的重复建设，从而节约了大量的社会资源，同时，也在一定程度上减轻了我国院校在实习方面的经济压力。

第三章 校企合作模式的创新——现代学徒制

本章为校企合作模式的创新——现代学徒制，主要介绍了四个方面的内容，分别是现代学徒制概述、现代学徒制课程体系、现代学徒制的实施、现代学徒制合作协议。

第一节 现代学徒制概述

一、现代学徒制的内涵

传统学徒制是古老的职业训练方法，徒弟通过师傅的传、帮、带，学习职业技术和技能，在师傅的指导下掌握手艺或工艺背景知识，获得实际的工作经验。徒弟通过观察、模仿师傅的技艺，在实践中获得技能与技术。

现代学徒制是一种将学校本位教育和工作本位培训紧密结合在一起的新型学徒制度。它主要依赖于校企合作这种以学生（学徒）的培养作为核心，以课程作为纽带，通过学校和企业之间的深度参与，以及教师和专业技术人员（师傅）的深入指导来支撑的人才培养模式。这种模式旨在通过理论和实践的结合，培养出既有理论知识，又具备实践技能，且全面发展的专业人才。

现代学徒制是一种学校和企业进行合作的职业教育制度，是一种旨在培养学生技能的现代职业教育人才培养模式。这种制度主要结合了传统的学徒培训方式和现代的学校教育，通过教师与专业技术人员（师傅）共同传授知识与技能、课堂学习与工作岗位实践紧密结合来实现人才的培养。现代学徒制是由学校和企业共同实行的一种培养模式，其受教育对象既可以是学生，也可以是企业员工。这种人才培养模式强调能力本位，注重实践与学习相结合，以培养应用型人才为目标，旨在满足现代生产需求，同时要使培养的应用型人才具备扎实的理论知识和良好的实践操作技能。通过实施现代学徒制，实现了产教融合、校企合作和工学结合。

二、我国现代学徒制的主要特点

（一）具有教育性质

在教育性质上，现代学徒制属于正规教育。企业许多岗位都需要生产者具有丰富的技术知识，只有那些正规的职业院校才具备培养现代化生产者的能力和条件。而在这一培养过程中，学校处于主体地位，企业主要扮演着一个辅助的角色。从学生的学习时间上来说，他们在学校接受教育的时间应该要占到他们学习总时间的一半。理论学习之后应马上到企业实践，但还要根据企业的生产忙闲来决定。

（二）体现以人为本的现代特征

从教育本身看，现代学徒制旨在促进企业和学生个人的协调发展。我国的现代学徒制应该体现以人为本的现代特征，同时应该以系统的科学思想为指导，不仅要合理协调企业利益与学习者的利益，还要充分考虑学生的职业转换和职业发展需要。

（三）理论知识与实践能力并重

在教育内容上，传统的学徒制由于过于注重动手能力的培养，使学徒失去了学习的积极性。同时，由于许多岗位较为注重问题解决能力和创新能力，因此，现代的学徒制应该强调现代技术理论知识与实践能力并重。从知识水平上看，职业院校的毕业生虽然在生产现场工作，但由于注重对学生的理论知识和实践能力的并重培养，所以他们的技能更接近传统企业中的工程师和高级技术员，而不是传统的技术工人。

（四）注重运用现代信息技术

我国的现代学徒制教育模式在教育手段上更加重视现代信息技术的融入和应用。随着现代信息技术的不断发展，职业教育在培养手段上得到了极大的拓展和丰富。在现代化背景下，学校教育不再仅仅依赖企业的实际操作来培养学生的专业技能，而是通过运用现代信息技术，实现对学生专业实践能力的系统培养。

（五）逐步呈现多元化结构

在教育主体上，逐步呈现多元化结构。政府已经开始依法制定学徒合同，并颁布了职业院校和企业使用的人才培养方案的基本框架。在职业院校培养人才的过程中，培训企业应该积极参与，并具体实施学徒培训方案，进而与院校共同配合完成人才的培养。职业院校是实施现代学徒制的主要基地，同时也对人才培训的质量起到了关键的保证作用。

（六）以"企业为主"

以"企业为主"主要表现在"企业可结合生产实际自主确定培养对象""学徒培养的主要职责由企业承担""以企业为主导确定具体培养任务"等内容，即推行"招工即招生、入企即入校、企校双师联合培养"模式。此模式对企业的诉求了解更多，方案设置对企业有所侧重。

由于企业和学校的视角是不同的，因此对于学徒制的看法两者也是不同的。从学校视角来看，学校是实施职业教育的主体，并且主要以学习的模式开展学徒制，无论校企合作的形式如何，无论怎样向企业学习，学徒制必须保留学校的特点和要求。从企业视角来看，企业也是实施职业教育的主体，并且主要以岗位需求开展学徒制，由于岗位需求的导向是市场，因此企业能更好地促进学徒制的开展与实施。实施以"企业为主"的学徒培养模式，能更高效地均衡技能人才的需求与供给，进而弥补职业教育培养出的人才与实际产业需求不匹配的缺陷。然而，需要注意的是，虽然特定的职业技能培训能帮助学徒快速找到适合的工作，但在技术人才未来职业的发展中，综合性知识的学习也是十分重要的。参考国际教育实践，德国的职业教育体系中，学生不只需要掌握企业岗位所需要的各种能力，而且需要学习数学、科学和语言学等综合性知识。

开展现代学徒制的核心目的是提高人才培养质量，提高劳动者技能水平和职业素质。

三、我国学徒制发展的主要阶段

（一）生产现场学徒制

1978年之前，学徒制属于国家正式制度范畴，是技术工人的主要培养途径，主要涉及数量和质量的问题，90%以上的技术工人是通过生产现场的学徒制培养的。

（二）学徒制向学校职业教育过渡

1978年改革开放以后，经济出现了飞速发展，因此对于技术工人的需求也在逐渐增加，而学徒制培养的技术人才不仅无法满足经济发展的需求，同时其培养的质量问题也日益突出。职业教育与培训慢慢取代学徒制，并逐渐成为一种新的培养人才的模式。

（三）正式学徒制的消失

学徒制于1993年正式退出中国的劳动用工体系。绝大多数的公司和企业开始调整招聘策略，转而偏向招聘那些来自大中专院校、专业技术学校和职业高中的毕业生。这种情况一直持续到2004年。

（四）工学结合，校企合作

在2005—2011年，由于生源去向的多样化，只有一部分分数较高的学生能够顺利进入高中就读，并通过参加高考进入本科阶段深造。也是在同一时期，企业对用人质量提出了较高的要求，更加重视学生的实践操作能力。职业教育学校为了确保学生在毕业后能够顺利进入工作岗位，开始探寻新的出路，即与企业合作，共同培养符合企业岗位需求的人才。渐渐地，全国各地成立了职业教育集团，通过校企合作，开展集团化办学、订单式培养，并试图让企业参与学校育人的过程，甚至使其进入专业建设、课程建设和考核评价等工作中。

（五）现代学徒制试点和实施

自2011年国家正式提出发展现代学徒制以来，现代学徒制有了迅速的发展。这几年，我国现代学徒制取得了明显成效，但也遇到了一些挑战。例如，如何促进行业、企业参与职业教育人才培养全过程；如何实现专业设置与产业需求对接、课程内容与职业标准对接、教学过程与生产过程对接、毕业证书与职业资格证书对接；如何实现职业教育与终身学习对接，提高人才培养质量和针对性等。为此，教育部于2014年8月出台了《关于开展现代学徒制试点工作的意见》〔教职成（2014）9号〕（以下简称《意见》）。《意见》指出："建立现代学徒制是职业教育主动服务当前经济社会发展要求，推动职业教育体系和劳动就业体系互动发展，打通和拓宽技术技能人才培养和成长通道，推进现代职业教育体系建设的战略选择；是深化产教融合、校企合作，推进工学结合、知行合一的有效途径；是全面实施素质教育，把提高职业技能和培养职业精神高度融合，培养学生社会责任感、创新精神、实践能力的重要举措。各地要高度重视现代学徒制试点工作，加大支持力度，大胆探索实践，着力构建现代学徒制培养体系，全面提升技术技能人才的培养能力和水平。"[1] 教育部于2017年7月发布《关于成立现代学徒制工作专家指导委员会、设立专家库（2017—2020年）的通知》，提出"充分发挥专家组织的研究和指导作用，提高技术技能人才培养质量和针对性，构建具有中国特色的现代学徒制"[2]。2017年、2018年，教育部分别开展了第二批现代学徒制试点以及第三批现代学徒制试点。2019年发布的《关于实施中国特色高水平高职学校和专业建设计划的意见》提出："施行校企联合培养、双主体育人的中国特色现代学徒制。"[3] 同年5月，教育部办公厅发布《关于全面推进现代学徒制工作的通知》，提出"总结现代学徒制试点经验，全面推广现代学徒制"[4]。2020年，《中共中央关于制定国民经济和社会发展第十四个五年规划和二〇三五年远景目标的建议》中提出，"创新办学模式，深化产教融合、校企合作，鼓励企业举办高质量职业技术教育，探索中国特色学徒制"[5]。《中华人民共和国职业教育法（2022年修订版）》第三十条为"国家推行中国特色学徒制"[6]。

四、开展现代学徒制的主要目标和任务

（一）开展现代学徒制的主要目标

现代学徒制工作应以面向市场、服务发展、促进就业为宗旨，以培育具有专

---

[1] 中华人民共和国教育部.教育部关于开展现代学徒制试点工作的意见[EB/OL].（2014-08-27）[2023-10-10].http://www.moe.gov.cn/srcsite/A07/s7055/201408/t20140827_174583.html.

[2] 中华人民共和国教育部.关于成立现代学徒制工作专家指导委员会、设立专家库（2017-2020年）的通知[EB/OL].（2017-07-20）[2023-10-10].http://www.moe.gov.cn/s78/A07/A07_sjhj/201707/t20170725_310090.html.

[3] 中华人民共和国教育部.教育部 财政部关于实施中国特色高水平高职学校和专业建设计划的意见[EB/OL].（2019-04-01）[2023-10-10].http://www.moe.gov.cn/srcsite/A07/s7055/201906/t20190603_384281.html.

[4] 中华人民共和国教育部.教育部办公厅关于全面推进现代学徒制工作的通知[EB/OL].（2019-05-15）[2023-10-10].http://www.moe.gov.cn/srcsite/A07/s7055/201906/t20190603_384281.html.

[5] 中国共产党新闻网.中共中央关于制定国民经济和社会发展第十四个五年规划和二〇三五年远景目标的建议[EB/OL].（2020-11-03）[2023-10-10].http://cpc.people.com.cn/n1/2020/1103/c419242-31917562.html.

[6] 《中华人民共和国职业教育法》[M].北京：人民出版社，2022.

业技能与工匠精神的高素质人才为根本任务，建立政府引导、行业指导、企业和学校双主体协同育人的现代学徒制度，形成校企从招生、培养到就业一体化育人的长效机制，深化教育链和产业链融合，推进现代职业教育体系建设，主动服务经济转型和产业升级。

（二）开展现代学徒制的主要任务

1. 形成协同育人机制

进一步明确职业院校与合作企业的权利与义务，完善校企双主体育人机制，改革人才培养模式，不断探索人才培养成本分担机制。

2. 推进招生招工制度改革

改革职业院校招考政策，改变企业招工制度，落实好"招生招工一体化"，明确学生与学徒的"双身份"学习制度。

3. 推进现代学徒制教学改革

针对现代学徒制特点，开发并制订现代学徒制人才培养方案，形成"双体系"的校企课程结构，实施"双交替"教学过程，构建校企考核评价体系。

4. 推进专兼结合的"双师型"师资队伍建设

不断完善双导师制度，进一步明确双导师的责任与待遇，建立灵活的人才流动机制。

5. 推进优质教学资源的共建共享

充分利用企业资源，有效地将企业岗位标准、企业管理和文化等引入学校，校企共同推进实训设施建设，做到校企数字化资源与信息化平台的共建共享，实现校园文化与企业文化的互通互融。

6. 形成与现代学徒制相适应的教学管理和运行机制

不断完善教学管理机制，加强课程标准建设，建立"双标准"考核评价体系，完善学徒权益保障制度。概括起来主要包括：

第一，双主体办学，即职业院校和企业各自履行职责，明确各自的权益和责任，携手制订人才培养计划，共同完成高素质技术技能人才的培养任务。

第二，双身份学习，也就是说，要在改进职业院校的招生考试及录取流程，以及改革企业用工制度的基础上，实现招生与招工一体化，使学生拥有双重身份，即在校学生和企业员工两个身份。

第三，双场所教学，工学结合教学模式在学校和企业间交替进行。职业院校主要开展理论课教学，而企业则侧重实践课教学。双方共享资源，包括企业的生产设备、人员、技术，以及学校的教学场所、设施和教师等。

第四，双证书制度，也就是说，在健全国家标准的基础上，应持续推动职业标准、教学标准、评价标准等方面的标准化建设工作，分步骤地实现职业教育学历证书体系与职业资格证书体系之间的紧密联系和有效融合。

第五，"双师型"队伍，即学校教师与企业"师傅"共担人才培养重任，并在专业建设、目标设定、课程开发、教学实施与评价等方面发挥关键作用。以企业职业培训为主，采取"师傅带徒弟"的教学方式，强化岗位技术技能训练。

第二节 现代学徒制课程体系

一、现代学徒制课程体系的内涵

（一）课程

在课程体系构建中，课程是最小的单元。课程指的是学校学生所应学习的学科总和及其进程与安排。

（二）课程体系

课程体系主要包括特定的课程观、课程目标、课程结构、课程内容、课程活动方式等要素。具体而言，课程体系指的是在一定的教育价值理念的指导下，将课程包含的要素进行排列组合。课程体系是实现人才培养目标的载体，是育人活动的指导思想，同时是保障和提高教育质量的关键条件。

（三）现代学徒制课程体系具体模块

1. 职业素质养成课程模块

职业素质养成课程模块主要是培养学生具有以社会主义核心价值观为基础的职业素养。在设立职业素质养成课程模块时，应该将其与企业文化和岗位实际需求相结合，从而确保人才符合岗位需求。

2. 专业技术技能基础课程模块

专业技术技能基础课程模块主要负责设置课程、开发教学内容和编制课程标准，主要是以行业工作岗位通用的工作任务和职业基础能力为依据进行设置的。专业技术技能基础课程模块是一个系统化、全面化的教学单元，涵盖了该专业的理论知识和基本技能培训。为了确保学生能够全面、系统地掌握这些知识与技能，所有的专业技术技能基础课程都应该被设定为必修课。这意味着学生必须参加这些课程的学习，并且通过每门课程的考核，才能获得相应的学分。

3. 岗位（群）技术技能课程模块

在构建岗位（群）技术技能课程模块时，应该以职业资格考试作为参考，以企业具体岗位的核心能力和合作企业岗位用人标准作为依据。该课程的培养模式主要以师傅带徒弟为主，并且在开发技术技能课程组合模块时，至少要开发两个岗位方向，从而能让学徒进行选择。

制定课程标准时必须了解合作企业的相关内容，诸如工作过程、生产流程、工艺、操作要求等；了解岗位技术技能规范、企业管理和企业文化，营造和模拟企业工作环境，搭建实验室、实训车间平台等；把合作企业中与工作岗位相关的知识和技能纳入学校的课程体系。通过课程有效地保证学校培养的学生更加贴近企业的要求，加强学生岗位能力的培养。

4. 学徒个人职业发展需求课程模块

学徒个人职业发展需求课程这个模块是依据合作企业中学徒的专业成长轨迹和成长规律来构建课程体系的。在这个体系中，学生在经验丰富的师傅的辅导下，可以根据自己的职业规划和发展需求，挑选适合的课程进行学习，这样的教学模式有助于实现在职员工的个性化培养。

二、现代学徒制专业课程体系建设

现代学徒制主张"做中学"，这是职业教育中最朴素与本真的原则。现代学徒制较符合情境学习的理论，在实际工作情境中，所学的知识技能与实际应用的关系是十分明显的。学徒在这种真实的工作情境中，能更好地理解理论与实践的关系，同时明白学习的意义和价值，进而促进学徒主动学习，更快速地掌握知识与技能。另外，在现代学徒制中，由于学徒长期处于真实的工作情境中，通过观察师傅和其他工作者的工作场景，耳濡目染，也会逐渐学会工作技能，还会养成该职业所需的工作态度。现代学徒制专业课程体系建设的基本方法主要从以下四个方面入手：

（一）企业岗位能力的调研

通过调研的方式，明确行业通用岗位和合作企业岗位（群）的需求。同时，在构建现代学徒制专业课程体系时，将岗位职业能力分析作为课程体系构建的切入点，从而分析行业通用岗位的基础职业能力和合作企业岗位（群）的核心职业能力。具体步骤如下：首先，分析具体岗位（群）的工作过程，确定该岗位的工作任务与工作内容；其次，分析每项工作任务的职业能力，并对分析结果进行归纳、总结、排序；最后，提炼出岗位（群）的通用基础职业能力和核心职业能力。

（二）校企共同建设基于工作内容的专业课程

在建设专业课程时，应该以学徒制岗位所需的知识和技能为基础进行设计、建设，并且课程内容既要与合作企业所需岗位的工作技能相符，又要符合整个行业通用的专业理论知识和基本技术技能。需要注意的是，专业课程的设计应该包括单项技能训练项目和综合能力训练项目（或案例）。

（三）教学组织与实施

在实施教育教学活动时，我们必须深入理解课程内容的多样性，并据此挑选恰当的教学组织形式。教学组织形式的选择应与课程的性质和教学目标紧密对应，以确保教学的实效性和针对性。教学组织形式主要包括集中讲授、企业培训、项目教学和岗位轮训。在选择岗位轮训这种教学组织形式时，应该以指导教师带学徒的方式进行教学，确保每个学徒都能熟练掌握轮训岗位所需的工作技能。为了保证教学效果，在岗位轮训中，一名指导教师最多指导 2~5 个学徒。

（四）开发适合岗位标准的课程资源

校企双方应当积极开发基于岗位工作内容，融入相关国家职业技能标准的专业教学内容，开发适合试点专业岗位标准与现代学徒制教学相适应的教材和数字化教学资源，及时用于教学实践。

现代学徒制专业课程如何与企业开展深层次合作，做到校企课程有效对接，这是保障现代学徒制人才培养质量的关键。在开展现代学徒制合作后，学校通过与企业开展联合办学，实施课程置换来改造旧的课程体系，即将学校的相关专业课程，部分替换为企业成熟的专项技能课程，并把部分专业知识课程搬到企业中，让学生到企业上课，由企业专家通过真实环境进行现场教学。同时，把企业需要的职业素养课程、安全教育课程等移植到学校课堂，运用企业培训教学模式和较为科学、系统的课程内容，对学校现行的专业人才培养模式进行改革，并紧扣就业市场需求，突出学生实际工作技能的培养，提高学生就业率。课程置换是培养"企业人"的重要途径，它将学历教育对学生的素质培养与职业实践经验相结合，使毕业生在获得专业学历证书的同时，还能获得企业的行业证书和一线实践经验，从而提升学生的"求职成功指数"。

通过学校课程与企业课程对接，学校已形成校企"双主体育人"合作制度，并不断探索校企合作培养"企业人"的新形式，力求在更深层次上推进校企合作，探索建立"企业人"培养新机制。近年来，很多学校已向社会各个领域输送"企业人"，其中有不少毕业生甚至已成为企业的技术骨干，有的成为各中等职业学校的实习指导教师，为学校办学树立了良好的教育品牌，这有助于吸引更多知名企业参与学校办学，形成校企结合、互利共赢的良好氛围和机制。

第三节 现代学徒制的实施

现代学徒制的形式主要是师徒间的一对一交流，这种形式为学徒的个别化学习提供了较为宽松的条件。学徒岗位一般由企业提供，并且企业是根据自己的实际生产需要来提供相应的岗位。这也从侧面反映出现代学徒制紧贴实际的人才需求，能帮助学习者更好地融入职业教育体系。可见，现代学徒制的实施不仅能平衡劳动力之间的供需关系，同时能避免出现技术浪费或技能短缺的现象。

一、开展现代学徒制的基本原则

（一）充分发挥政府的统筹协调作用

要充分发挥政府的统筹协调作用，根据地方经济社会发展需求系统规划现代学徒制试点工作。把立德树人、促进人的全面发展作为试点工作的根本任务，统筹利用好政府、行业、企业、学校、科研机构等方面的资源，协调好与政府部门之间的关系，形成合力，共同研究解决试点工作中遇到的问题。大力发展现代学徒制需要成熟的立法、高效的执法。为了深入理解和全面掌握学校、企业和师徒之间的权利与义务关系，我们必须首先明确各自的权利和义务，确保各方在教育和生产实践过程中，能够享有合法权利，同时受到法律的必要约束。还应着重解决学校和企业在管理中可能遇到的风险问题、企业经济效益维护和师徒权益保障等问题。

（二）坚持统筹设计，重点突破

在开展现代学徒制之前，首先要明确试点工作的目标与重点，之后在此基础上系统设计教学工作的各个方面，包括人才培养方案、招生与招工、学生教育管理、教学管理、考试评价、师资配备、保障措施等工作。现代学徒制主要以促进就业为导向，以服务发展为宗旨，做好体制机制的深化改革，同时要统筹发挥好政府和市场的作用，从而在重点领域和关键环节取得进展。另外，在开展学徒制之前，还需要建立教学质量标准、监控评价体系和学生质量评价体系；为了确保学校、企业和学徒三方能够规范化落实现代学徒制度，还需要建立教学质量评估和监管机构。

（三）坚持因地制宜，分类指导

不同地区的行业、企业有着不同的特点，并且它们对于人才培养的要求也是各不相同的，因此要积极探索符合实际情况的实现形式，形成特色，具体要在招生与招工、教学与实践、学历证书与职业资格证书获取、资源建设与共享等方面坚持因地制宜。此外，还需要建立相对独立的教学质量认证机构、教学质量第三方认证体系，要全面实施工匠职业从业资格考试制度和技能等级认证制度，进而形成相对全面的教学质量认证体系。需要注意的是，在实施现代学徒制时，要采用相对科学有效的教学质量认证办法，进而保障现代学徒制的实施。

（四）坚持合作共赢，职责共担

在现代学徒制教学中，要坚持校企双主体育人和学校教师、企业师傅双导师教学。另外，明确学徒企业员工和职业院校学生的双重身份，签好两个合同，即学生与企业的合同、学校与企业的合同，要做到职责共担。实施现代学徒制这一模式，能够形成学校和企业在多方面合作的长效机制，如联合招生、联合培养和一体化育人。通过校企双方的合作，两者能实现共赢。对于企业来说，能提高生产与服务一线的劳动者的综合素质；对于学校来说，能保证人才培养更有针对性，从而为企业长期输送人才。

二、现代学徒制合作企业的选择

现代学徒制企业的选择非常关键，能影响现代学徒制的质量。因此，必须深入了解合作企业的发展情况，对企业的生产经营情况、生产规模、发展趋势以及合作意向等进行充分了解，尤其要对企业的实践平台、产品特点是否与专业相近等进行考察，并在组织相关人员进行充分论证和分析的基础上，从众多的合作对象中择优选择一家或者几家，必要时引入竞争机制，确保现代学徒制能够充分发挥作用。除此之外，企业所需要的人才类型、企业对于学校学生的薪资待遇、企业所需订单式人才的数量等，也是学校方面必须和学生进行沟通的问题。具体来说，在选择企业的时候主要考虑以下两个方面：

（一）全面了解企业的实力

校企合作模式下选择的企业最好是发展前景良好的大企业，这对于学生而言是一种有力的保障。

第一，被选定的企业应该是本地区发展势头好的企业。

第二，被选定的企业应该是支撑地区经济发展的骨干企业，能从根本上解决政府支持力度不够的问题。

（二）选择具有积极性的企业

只有企业自愿地与学校方面合作培养订单式人才，才能让学生学有所成、学有所用。选择企业时，还要考察企业的信誉度，避免出现违约现象，造成学生、学校方面的损失。此外，要考虑企业需要的订单式人才的数量，尽可能地让每一个学生得到应有的发展。

第一，被选定的企业有意愿承担高技术技能人才培养的义务，也确实急需这种人才，从根本上解决企业参与度不高的问题。

第二，充分考虑企业接纳学生人数问题，可以选定多家企业共同参与现代学徒制，从根本上实现招生即招工。

三、人才培养方案的制订要求

（一）学制

中高职一般是三年，实行学分制和弹性学制管理，中职段学制可缩短一学期或延长一学期，高职段学制可缩短一学年或延长二学年。根据专业特点和企业需求，实行校企合作、工学交替的分段育人机制。

（二）方案内容及培养目标

现代学徒制人才培养方案的内容主要包括以下几个方面，分别是课程标准、教学标准、考核标准、毕业标准、专业岗位标准、相应的教学实施方案。需要注意的是，在制定人才培养目标时，应该高于同专业的非现代学徒制实验班的培养目标，同时还应该与相应的国家职业技能标准相结合。

（三）教学资源配置

要着重明确实践教学阶段的教学资源配置，主要包括实训场地、实训岗位、实训设备、技术力量（企业、学校导师）、教材和课程资源的配置与利用。

四、现代学徒制课程的实施

现代学徒制开展的基本依据就是课程，同时课程的质量直接影响着人才培养的质量。这就需要持续深化课程改革，确保课程体系既符合职业教育规律，同时具备现代学徒制特征与地方特色，进而充分发挥课程在人才培养中的核心作用。

（一）校企共同制定学徒岗位标准

校企双方在制定学徒岗位标准时，应该以企业为核心进行制定。其主要内容包括：明确核心能力和技术等级；明确规范岗位名称；明确描述岗位内容；明确企业课程内容；确定岗位所需的知识和专项技能要求。另外，校企双方在制定岗位（群）轮岗实训标准时，也应该明确多方面内容，包括每个具体岗位的实训时间、技术要点、操作规范、达标要求和轮岗顺序等。

（二）现代学徒制课程的基本内容

现代学徒制课程的基本内容包括公共基础课程、专业技能课程、专业基础课程和拓展课程等。

公共基础课程包括德育、语文、外语、数学、体育与健康等国家规定的课程；专业技能课程包括学徒制岗位所需的技能训练项目（或案例、模块）；专业基础课程包括试点专业必需的专业技术基础课程；拓展课程应充分考虑学徒（学生）的个人发展需求，多样化设置，供学徒（学生）根据自身职业发展规划进行选择。

校企双方不仅要共同制定现代学徒制专业课程的基本内容，同时要根据专业特点制定课程标准。在设计专业课程时，应该包括单项技能训练项目和综合能力训练项目（案例），并且应该以企业生产任务和学徒制岗位所需的知识和技能为依据。另外，课程内容的设计不仅要涵盖整个行业所普遍接受的专业理论知识和基础技术，同时要满足合作企业所需的岗位技能。

（三）建立健全信息化教学设备和教学资源

为了保障企业岗位资源的有效使用，切实提高校内信息化教学的有效性，学校应根据专业教学需要，配备多媒体教室、微课教室、多媒体阅览室，多媒体教室中应设有多媒体中央控制器、数字投影仪、视频展示台、扩音系统等。在教学过程中，应借助信息化教学手段，利用微课、慕课、翻转课堂等建立核心课程数字资源库，并与日常教学有机结合，创建多种学习途径。

为了提高企业岗位技能的有效性和针对性，校企合作双方应当共同努力，积极探索和研发与职业岗位实际工作内容紧密结合的专业教学内容，还应该在专业教学内容中充分融入相关的国家职业技能等级要求。在此基础上，校企合作双方还应当致力于开发和设计符合专业岗位标准和现代学徒制教学要求的教材以及数字化教学资源，并将其及时用于教学实践。例如，教师将专业课程内容设计融入智慧化教学应用场景，将教学内容打造成画面丰富、直观性强的学习资源，从而让学生畅游在信息化的学习情境中，根据自己的学习兴趣及知识掌握情况，自主定义学习路径，顺利学习，轻松掌握学习内容。

（四）教学组织实施

1. 按照工学交替方式安排教学过程

现代学徒制班级专业教学实施方案，应该由校企双方共同制订，同时应该将专业理论课程、公共基础课程、校内实训基地教学实践和企业岗位（群）轮训教学内容进行整体规划。规划需要在校企双方的资源配置情况和学徒培养目标要求的基础上进行。在此之后，要制订一套详尽的教学计划。该计划将根据教学目标和学生的实际情况，合理地安排双场所教学内容与任务，对课程的开设进行规范化管理，确保每一门课程都能有序地进行。为了提高教学效果，应该采用校企双导师模式进行双向流动授课，并做好教学记录，此外，还要按照工学交替的方式安排教学过程。

2. 突出专业技能教学特色

现代学徒制教育的特色就是专业技能教学，进行专业技能教学可以实现培养目标，切实提升学徒的职业能力和专业动手能力。各项专业技能教学应该具备完整清晰的教学标准、指导书、教学计划和技能训练教材。专业技能教学主要实行的是岗位（群）轮训和岗位达标制度，每个岗位都应该进行限定时间的训练，并且在限定时间内还要按照布置任务、策划、实施、检验、反馈、评价等完整的教学环节进行训练，在训练结束之后，要进行相应的考核。

3. 体现"做学教"一体化

根据课程类型和现代学徒制岗位知识和技能要求，采用灵活的教学方法，依据专业培养目标、课程教学要求、学生能力与教学资源等，倡导因材施教、因需施教，鼓励创新教学方法和策略，采用任务驱动、案例教学、项目教学等方法，坚持学中做、做中学。教师要不断提高运用信息技术的能力，加大信息化教学手段的运用，开展信息化教学。

（五）建立分段育人、多方参与评价的教学管理制度

校企双方负责组织现代学徒制班级的教学、岗位轮训和考核评价，并进行日常管理。

第一，学徒（学生）管理采用学分制和弹性学制。企业实践课程与学校理论课程学分可置换。中职段学制可灵活调整一学期，高职段学制可灵活调整一学年或二学年。

第二，学徒（学生）在学校期间实行班级管理为主、小组管理为辅，在企业期间实行小组管理为主、班级管理为辅的合作管理模式。

第三，学徒（学生）实行毕业考核评价制度，建立科学的现代学徒制人才培养考核评价体系。

（六）现代学徒制质量控制体系

考核内容主要包括校企协同育人机制、人才培养制度与标准、招生与招工一体化、双导师队伍建设、学徒（学生）培养与管理、保障措施以及创新点等。

建立合作企业、学校、第三方的质量评价和调控体系，切实保障现代学徒制试点培养的学生能适应现代企业产品结构转型、技术升级的需要。职业院校一定要确保学生在掌握所必需的公共文化基础知识、具备良好的思想品德的基础上，加强其技术技能的培养。按照"5个对接"要求设计质量调控体系，发现其中的问题和不足，持续优化人才培养方案，不断提高现代学徒制的人才培养质量。

在考核评价中，要重视人才培养质量。应主要关注两方面内容：一是人才培养过程；二是毕业"出师"。具体可以实行"双重"考核：教师考核学生的理论成绩（占总成绩的50%），师傅考核学徒在学艺期的绩效（占总成绩的50%），这里的绩效计算可以折算成百分制。

第一，考核组织。对于现代学徒制教学质量的日常考核，应该由双导师和行业、企业专家或者第三方机构对学生的学习情况进行考核，并且要遵循过程性考核和终结性考核相结合的原则。

第二，考核内容。考核评价标准就是看是否达到校企双方共同制定的育人目标，考核内容主要包括学生的工作态度、实训表现、理论考核成绩和专业技能考核，并根据专业特点合理分配各部分成绩所占的比重。

另外，要根据不同岗位的实训考核标准，合理设计各种评价表格，表格内容主要包括学生的学习态度、在岗位轮训期间的表现、理论知识和专业技能掌握程度、实训表现、职业素养、岗位工作任务完成情况等方面。同时，还需要制定岗位技能考核指标和评分细则，对轮训岗位（群）进行技能达标考核（表3-3-1）。

表 3-3-1 现代学徒制考核要求及所占比例

序号	考核项目	考核要求	所占比例	备注
1	基础理论知识	考核标准	50%	学校导师
2	岗位专业技能	考核标准	10%	企业导师
3	学习态度	考核标准	5%	企业导师
4	实训表现	考核标准	5%	企业导师
5	岗位任务完成情况	考核标准	20%	企业导师
6	职业素养	考核标准	10%	企业导师

第四节 现代学徒制合作协议

一、现代学徒制合作协议的内容

招生与招工一体化是开展现代学徒制的基础，招生即招工，入校即入厂。学校与选定的合作企业应签订"校企共育合作协议"。

（一）合作协议的条款内容

合作协议的一般条款应该有以下四方面的内容：

第一，企业能接收多少名学生，联合招生。

第二，联合开发制订个性化人才培养方案。

第三，企业为学生到企业实习提供的报酬、奖学金、资助资金、意外伤害保险、工作待遇以及学生违约应担责任等。

第四，学生在企业实习期间的管理制度、成绩认定、考核制度等。

（二）合作学校的专业基本条件

对于开展现代学徒制的专业，应有鲜明的特色，同时应该将该专业纳入学校专业建设规划中进行重点建设。另外，在招生方面，开设现代学徒制的专业每年的招生应该超过100人。该专业不仅要拥有较高水平的专业教师团队，同时应该具有先进的专业实训装备和对接合作办学企业实际使用的基本生产设备。

（三）合作企业的具备条件

第一，守法、诚信经营、管理规范、产品质量高、业内口碑好。

第二，合作企业不仅有着完备的设备，同时技术也较为先进。此外，还拥有较强的科技创新能力，在自身及行业发展方面有着巨大的潜力。并且合作企业要提供试点项目所有的岗位轮训，还要能选派优秀技术人员担任学徒（学生）导师。

第三，企业在行业内拥有较强的综合实力和较高的行业地位，其校企合作历史已经超过三年，这充分证明了企业对于教育领域的深度参与和投入。此外，企业还应有完善的培训机制，具有较高社会责任感的大中型企业和科技创新型企业园区会是学校的优先选择。

二、签订相关合作协议时需要注意的内容

（一）合作总则

校企双方本着友好诚信、资源共享、优势互补、互惠互利、共同发展的原则，充分发挥各自优势，开展校企双主体育人、学校教师和企业师傅双导师教学，形成学校和企业联合招生、联合培养、一体化育人的长效机制。

（二）工作内容

第一，落实好校企双方职责、分工，落实学徒的责任保险、工伤保险，确保人身安全。

第二，开展校企联合招生，联合培养，一体化育人。

第三，共同开发现代学徒培养的课程体系、教学文件、管理制度及相关标准。

第四，提升教师岗位能力，充分发挥企业师傅的作用，引导师傅学习有关教学知识。

第五，建立科学的现代学徒制评价体系。

第六，统筹利用好校内实训场所和企业实习岗位等资源。

（三）权利与义务

1. 甲方（院校）

第一，做好合作项目的申报工作。

第二，主要负责建立现代学徒制工作机构中由院校工作人员组成的小组，学校专任教师的选拔与配备；协同乙方组建合作项目运作团队，做好合作项目的对接和推进工作。

第三，协同乙方投入人力、物力，做好现代学徒合作项目的前期宣传等工作，报名学生经过双选面试初选后，签订"甲方、学生、学生家长、乙方"四方协议。

第四，负责管理现代学徒制合作班学生的校内学习、日常、学籍，并发放毕业证书。

第五，负责与乙方协作，共同拟订并实施现代学徒制合作班的招生计划，包括申报生源计划数、进行生源资格审查、考核选拔和招录工作。同时，负责与学生及其家长签订相关协议，确保合作班的顺利运行。在学生学徒中途退出时，负责善后安排和补录工作。

第六，负责与乙方共同制订人才培养方案，开发课程与教材，管理"双导师"师资队伍，组织教学评价与考核，开展教学研究与项目研发、技术服务等。

第七，负责为现代学徒制合作班提供必要的教育环境和设施，包括提供适合的教学场所、教学设备，以满足教学需求。此外，还要负责购买与现代学徒制合作班级相关的课程教材和其他教学资源，确保项目的顺利运行。

第八，负责具体执行现代学徒制合作班校内课程的教学组织和运行工作，对教学过程进行严格监控，确保教学质量达到预期目标。

第九，负责现代学徒制合作班校内实训基地建设、教学资源库建设。

第十，负责校内学生学徒激励机制相关制度和政策的制定和实施。

第十一，负责现代学徒制合作班院校方参与人员的津贴、交通费等费用的支付。

第十二，负责主动向上级教育行政主管部门提出申请，为现代学徒制工作提供相关政策支持，同时要积极寻求项目、课题申报的机会。

第十三，不仅要负责总结现代学徒制工作经验，同时要对其进行积极推广。

2. 乙方（企业）

第一，为了有效地推进现代学徒制工作的建设，乙方需要和甲方共同计划组建一个专门的工作机构，并且需要筹建由企业内部的工作人员组成的小组，负责企业专任师傅的选拔与配置。

第二，负责提供乙方现代学徒制合作班及相关研究项目开展所需经费。

第三，负责现代学徒制合作班学生学徒在岗工作的日常管理，保障学生学徒在企业岗位培训、实习、工作的人身与财产安全。

第四，负责制定人才培养标准、岗位技能考核评价标准、学徒验收标准，提供现代学徒制合作班在企业运行所需的工作场所、工作设备以及学生学徒接受企业技能培训所需的学习资源等。

第五，负责主导和实施现代学徒制合作班的企业技能培训项目，包括组织和开展各项培训活动，确保培训过程的顺利进行。同时，要对培训教学质量进行保障和监控，确保培训效果达到预期目标。

第六，协助甲方建设校内外实训基地。

第七，负责企业内学生学徒激励机制相关制度和政策的制定和实施。

第八，负责现代学徒制合作班企业参与人员的津贴、交通费等费用的支付。

第九，负责向上级主管部门提出关于现代学徒制合作的相关政策支持以及项目申报的请求。

3. 双方应注意的其他事项

第一，乙方应按照国家的有关劳动保护规定，认真做好对甲方学生学徒的安全生产和操作规程教育，切实保障他们在生产中的安全和健康。如违反安全操作规程、违章作业，一经查出，乙方有权终止违纪学生学徒的技能学习。若违反规定出现人身伤害事故，应根据本人过错程度承担相应法律责任。学徒期满，乙方为学生学徒做出书面实习鉴定，并通知甲方组织学生学徒退出岗位。如出现学生学徒因不听从安排、不遵守安全操作规程等问题，双方应按协商制定的违反安全措施与违纪处理办法进行处理。

第二，乙方为学生学徒投缴意外伤害险。甲方学生学徒在乙方处因工作原因受到伤害，主要由乙方处理（费用由投缴意外伤害险的保险公司出），甲方配合。

伤员到乙方指定医院治疗，医疗费用及补偿比照国家有关工伤保险条例的相关规定执行，乙方承担超过意外伤害险的差额部分费用。因自身原因、第三方原因（非工伤）或故意导致的人身伤亡和财物损失事故主要由甲方负责按照国家法律法规处理，乙方配合。

第三，在学徒期满后，乙方对于优秀的学生学徒具有优先留用权。

第四章　校企合作模式的创新——混合所有制

近些年，现代学徒制和职业教育集团化办学成为我国校企合作的主攻方向，主要是为加深校企合作的深度，提高人才培养质量，实现资源整合共享。多年的实践证明，想要实现真正的校企合作，提升企业进行校企合作的主动性，必须开辟校企合作的新机制和新模式，使校企之间形成共担风险、共享利益的紧密关系。在经过一定研究后，借鉴国外的实践经验对我国现有的办学模式进行改革，提高企业在校企合作中的主体地位逐渐成为一种趋势。混合所有制正是在这种背景下产生的，混合所有制的开展对激发职业教育办学活力、提高技能人才的培养质量具有重要意义。

本章为校企合作模式的创新——混合所有制，主要介绍了三个方面的内容，分别是混合所有制概述、混合所有制改革面临的挑战、开展职业院校混合所有制改革。

第一节　混合所有制概述

一、混合所有制的政策导向

（一）探索发展混合所有制职业院校

为加快发展现代职业教育，深化体制机制改革，激发职业教育办学活力，《国务院关于加快发展现代职业教育的决定》〔国发（2014）19号〕提出："探索发展股份制、混合所有制职业院校，允许社会力量以资本、知识、技术、管理等要素参与办学并享有相应权利，探索在民办职业院校实行职工持股。鼓励企业和公办职业院校合作，举办混合所有制性质的二级学院。鼓励专业技术人才、高技能人才在职业院校建设股份合作制的工作室。"

（二）鼓励发展混合所有制职业院校

《国务院关于印发国家职业教育改革实施方案的通知》〔国发（2019）4号〕文件中指出，"推动企业和社会力量举办高质量职业教育"，发挥企业重要办学主体作用，鼓励有条件的企业特别是大型企业举办高质量职业教育，各级人民政府可按规定给予适当支持。完善企业经营管理和技术人员与学校领导、骨干教师相互兼职兼薪制度"，"鼓励发展股份制、混合所有制等职业院校和各类职业培训机构"。

通过深化混合所有制改革，引领境内外非公有资本、集体资本和国有资本等与职业院校相互交融、双向进入，对现有的优质资源进行收集并重组，通过混合所有制等形式确立职业院校法人的财产权；在制度建设方面，现代职业院校要建立起以学校章程为办学根基、与多元化办学产权结构相适应的现代职业院校治理体系，健全由政府、行业、企业、社会团体或个人、教职工代表等多方参与的理事会、董事会，全面推动职业院校治理体系和治理能力现代化。混合所有制不是单纯的"为混合而混合"，而是一种政策导向、一条路径选择、一种创新方式，从法理上建立提升现代学校治理能力的办学体制和内部运营机制，激发各方热情，形成改革合力。

事实表明，我国深化国有企业改革，推动国民经济平稳发展、盘活国有资产存量的有效途径是混合所有制。新时代，我国国有企业改革的重点之一也是混合所有制。深化职业院校混合所有制改革，有助于充分调动社会要素，有助于促进多种所有制形式优势互补和相互融合，有助于充分发挥市场对资源配置的决定性作用，促进职业教育的良好发展。

将混合所有制引入职业院校是促进现代学校制度建立的有效途径。目前开展混合所有制改革，关键是以学校为主体还是以企业为主体，两者的性质是不一样的，以企业为主体是以营利为目的，而以学校为主体的是以专业建设、课程建设和师资队伍建设等为目的。两种主体带来的结果不一样，双方有利益上的冲突。如何破解，关键是政策引导。国家鼓励探索混合所有制办学，主要是为激发办学活力，提高职业院校的人才培养质量。

二、混合所有制的内涵

（一）混合所有制

混合所有制，即在同一经济组织中，不同的产权主体多元投资、互相融合、互相渗透、互相贯通而形成新的产权配置结构和经济形式。从实质上看，混合所有制是一种股份制经济或以股份制为基础的经济。"混合所有制"办学的必要条件是，具有"两个以上办学主体"和"至少一个公有（国有）制资本的主体"。如果办学主体少于两个或者没有国有制资本参与，那么这种办学模式就不能称为混合所有制办学。

（二）混合所有制职业院校（机构）

混合所有制职业院校（机构）是一种新型教育模式，即地方政府与社会资本合作，通过国有资本控股、参股等形式，联合出资创立并实行职业教育的新型职业院校（机构）。简单来说，可以将职业院校混合所有制解释为多种性质的所有制主体通过以人员、场地、设备、资本等多种资产"入股"的方式联合创立的职业院校，即国有资本与多种不同性质的资本中的一种或几种混合，联合创立职业院校，达成多元化产权主体。这种模式有助于形成民主决策、民主参与、民主监督的格局，建立决策、执行、监督三位一体，既相互制约又相互统一的法人治理体系，通过这种方式，可以使混合所有制职业院校中的多元主体的利益诉求得到充分满足。通过"混合所有制"这个媒介吸收和引进多种不同社会资本参与到混合所有制职业院校办学中来，可以在很大程度上使办学主体单一的局面得到改善，使办学主体成为真正的市场主体，更大程度面向市场，更好地适应市场需求，真正做到开放办学，从而在运行机制上变得更加灵活、更具效率。

（三）我国企业混合所有制改革

1. 我国混合所有制的分类

我国国企改革的根本方向是混合所有制，产权的简单混合不能称为国有企业的混合所有制改革，在国企混合所有制改革中，治理机制的规范是更为重要的内容。在改革中，起基础作用的是产权制度改革，企业的治理结构要得到完善，就必须使产权制度与现代企业制度相适应。我国存在的混合所有制主要有三大类型：

第一，公有制和私有制联合组成的混合所有制企业。分为国有经济或集体经济与外资联合而成的企业和国有经济或集体经济同国内私营经济联合组成的企业两种形式。

第二，公有制与个人所有制联合组成的混合所有制企业。其中可以是国有企业股份制改造中吸收本企业职工持有的部分股权的企业，也可以是集体经济实行股份合作制的企业中集体所有与个人所有相结合的混合所有制企业。

第三，公有制内部国有企业与集体企业联合组成的混合所有制企业。随着经济社会的不断发展，混合所有制经济的形式呈现出多样化的趋势。不能抽象地将混合所有制认为是公有制还是私有制，混合所有制经济的控股主体的所有制形式是其经济性质的决定性因素。从资产运营的角度看，混合所有制突破了公有制和私有制的界限，因为在混合所有制中，无论其资本是从公有制中来还是从私有制中来，都融合为企业的法人财产。在现代公司中，各利益主体通过治理结构形成一种混合的、复杂的产权安排。

2. 股权结构的多元化

单纯地谋求或满足于表面的事物是无法真正建立现代企业制度的，只有实现国有企业的市场化改革才能建立起现代企业制度。股权结构改革是国有企业建立市场化的现代企业制度的必由之路。企业股东的流动对于公司的发展具有重要影响。如果一个企业的股东流动性不足，那么股东将会面临被企业套牢的风险，导致资本回报的受损，同时会增加企业管理层的道德风险。如果一个企业的股东流动性太强，那么就会削弱股东对企业的长期责任，使股东难以对企业进行积极监督。企业要提升核心竞争力，就要将股东流动性维持在合理的区间内。我国的国有企业，特别是大型骨干国有企业，应该重视改变股东流动性差、国有资本凝固化的状态。例如联想控股，其之所以能成为发展迅速、市场化的现代企业，主要原因就是进行多元化股权结构改革。

3. 混合所有制改革的必然性

我国经济发展活力和内生增长力通过非国有资本的快速增长反映出来，具有强烈活力和动力的非国有资本要求与国有资本互相融合，在市场规律和法律法规下共同发展、增值。综上，在全面深化改革的背景下，混合所有制成为我国基本经济制度的重要实现形式，混合所有制改革是国有企业尤其是大型骨干国有企业建立完善的现代企业制度、推行股权结构改革的必由之路。使非国有产权和国有产权得到同样的可靠保护是实现混合所有制改革的应有之义。

4. 职业院校开展混合所有制改革

随着我国关于职业教育的各项政策的出台，职业教育出现了良好的发展势头，职业教育办学不再是封闭的。将混合所有制引入职业教育，并调整职业教育产权结构，建立与新时代中国特色社会主义市场经济相适应的体制机制，打破了原有的职业教育模式，推动了职业教育改革的深入。

开展股份制可降低校企合作带来的风险。在校企合作中，企业的经营效益影响着校企合作的发展，从企业经营的角度看，尽管在校企合作中，企业享用了学校的部分资源，但要抽调技术力量进行实践教学，势必会对企业的生产造成一定的影响。同时，在校企合作中，企业要承担一定的实训费用，并给学校带来一定的经济效益，因此，企业在经营成本和经济效益分配方面承担全部责任。一旦企业出现亏损，将会面临倒闭的风险，校企合作自然也有可能夭折。为化解企业倒闭风险，学校要坚持效益优先的原则，以购买企业服务的思路开展合作。但从根本上降低这个风险，最有效的办法是开展股份制合作。

多年的实践证明，想要实现真正的校企合作，提升企业进行校企合作的主动性，必须开辟校企合作的新机制和新模式，使校企之间形成共担风险、共享利益的紧密关系。具体来说，在学校方面不断摸索"双主体"办学的过程中，企业的权益没有得到有效的保障，这就导致"双主体"办学始终未能达到理想效果。在职业院校混合所有制改革中，企业可以通过投入技术、资本等要素获得产权从而真正成为办学主体；从另一个角度看，与过去企业对职业院校进行"捐资"不同的是，改革后的企业进行的是需要获得回报的"投资"，企业投资到学校的资本越多，也就越关心学校的办学状况。只要通过投入资本、知识、技术、管理等要素参与办学，无论是行业企业、社会组织、学校管理者还是普通教职工，都可以成为学校的产权主体从而享有相应权利，这些人也就顺理成章成为学校的治理主体。首先对职业院校的管、办、评三方面进行分离，再对制度设计进行优化，在学校与政府、社会之间以及学校内部诸要素之间建立起相互协作、相互监督的关系，架构出一个相对完善的法人治理结构，如此就能建立现代学校制度。职业院校在学校、专业、车间、学生宿舍等多个层次都可以实行混合所有制。

形成混合共同体，明确相应职责通过混合所有制改革后，企业全程参与专业建设，学校人才培养方案编制，公共基础及专业基础、岗位实践课程模块建设，教学模式改革与创新，课堂教学组织实施。学校和企业之间相互配合组建团队，共同对学校的课程进行研究和开发。在课程的整体设计以及体系性知识讲解方面需要学校教师完成；在实际操作方面，例如，选定教学项目、讲授经验型知识、点评学生作品以及对学生实践操作的专业引导方面则需要企业教师完成。

职业院校开展混合所有制有助于院校的内涵式发展，使职业教育充满活力，满足区域经济发展需要以及行业企业对技术技能型人才的需求，提升人才培养质量，促进学生技能学习与对口就业，促进职业教育质量的提升，促进国家制造业的升级与转型。

第二节　混合所有制改革面临的挑战

一、所有制产权融合的难点

（一）防止国有资产的流失

国有资产流失指的是国有企业转让国有产权或向非国有投资者出售国有资产时出现的"低价出售"现象，也是指国有企业与非国有企业合资合作过程中或者以资抵债过程中出现的低估国有资产价值或高估非国有资产价值的现象。

我国相继出台了一系列防止国有资产流失的政策。2015 年 11 月，国务院办公厅发布《关于加强和改进国有资产监督防止国有资产流失的意见》，针对相关问题提出了切实强化国有企业内部监督和审计、纪检监察、巡视监督以及社会监督等手段。随着国有资产管理运营与国有企业监管体系的建立，政府部门强化了对国有企业关键事项的控制，建立了越来越严密的监督体系。

（二）不同所有制产权的有机融合

发展混合所有制职业院校的瓶颈和最大难点是，混合所有制职业院校的实施代表着要对多种不同性质的所有制产权进行融合，在这个过程中必然会触及职业院校产权的流通，必然要进行产权交易。与过去的"捐资"不同，现在企业是在"投资"职业学校，投资是需要获得回报的，如果在投资过程中企业的权益可以获得法律保障，那么企业的积极性会大幅度提高。企业投入学校的资本越多，就会越关注学校的办学活动，校企合作的效果就会越好。

二、校企双方的服务和价值取向不同

校企双方各能提供什么样的服务和价值，这是合作的基础。对于职业院校来讲，在校企合作过程中，需求主要体现在办学、人才培养模式、人才培养方案、标准、课程、教师、实训、顶岗、用人、科研、社会服务等。校方可提供的服务是学生、相关设备、相关场地，而企业的需求主要体现在用人、设备、教师等，企业方可提供的服务较少。

第三节　开展职业院校混合所有制改革

混合所有制职业院校的实质是一个利益相关者组织,当前的职业院校治理模式应当进行适度的改造。首先,可以把政府机构、教师、学生、社会组织的代表纳入董事会和校监会。其次,在混合所有制职业院校中成立董事会制度,并不意味着之前领导体制的瓦解,而是在原有的基础上建立起一个全新的治理机制,对治理结构进行优化,并处理好董事会与党委会的关系。职业院校开展混合所有制改革一般从以下几个方面入手:第一,实行公办院校与民办院校委托管理。如果学校存在办学困难的情况,可以委托专业能力强的机构管理学校事务,这样可以使学校的管理效率提高。第二,政府与社会资本合作共同建设基础设施。例如,积极建设实训基地帮助学生进行实践训练,积极建设培训基地帮助企业开展面向全社会的职业培训,以及通过多种合作模式进行职业教育促进经济社会发展,政府和市场组织可以使用建设—运营—移交等不同合作模式共同提供公共产品。第三,在职业院校的二级学院试行混合所有制。将社会力量引入二级学院,实现办学主体多元化,让学校与社会力量合作落实重大项目建设。将国有资本、民营资本或行业资本融入二级学院的各种办学要素中,通过科学合理的方式整理组合使之成为若干股份,多方根据一定比例持有股份并按照事先的约定享有相关收益。

一、职业院校混合所有制的形式

混合所有制职业院校办学形式主要有以下几种:将社会资本融入公办职业院校中,将国有资本融入民办职业院校中,公办职业院校和民办职业院校之间进行委托管理,多种所有制资本共同出资创办新职业院校,公私合作共同建设职业院校基础设施等模式。

不论是职业院校实施办学层次多元化,还是社会资本参与创建混合所有制职业院校,都面临着利益损失的风险。一方面,社会力量投资创建混合所有制职业院校,在取得经济效益的同时也可以取得社会效益。但是,在教育领域的投资想要获得回报需要一个长期过程。另一方面,投资混合所有制职业院校需要承担一定程度的法律风险。由此,可以将职业院校的混合所有制形式分为三类:第一类,有涉及实质性产权的混合所有制,这种混合所有制形式被称为真混合;第二类,半产权性质的混合所有制,这种混合所有制形式被称为类混合;第三类,不涉及实质性产权的公私合作，这种混合所有制形式被称为泛混合。不同形式的混合所有制职业院校其办学主体和运行方式也是不同的。

混合所有制职业院校的产权融合，是我国公有制为主体、多种所有制经济共同发展的基本经济制度在职业教育领域的新的表现形式。混合所有制职业院校不同于传统的公办职业院校和传统的民办职业院校，它产生于现代职业教育制度建设背景下，由政府进行统筹规划，吸纳全社会参与投资，拥有多元化的办学主体和多样化的办学形式，体制机制灵活，在彰显市场经济特色的同时又保留了公办资源的优势，是一种新型职业院校，是公有制经济在职业教育领域的重要实现形式，体现了我国在现代职业教育体制机制改革和职业教育组织形态方面的创造性转化和创新性发展。混合所有制职业院校是融合了国有、集体和非公有资本的新型教育组织，具有非营利性的特点。

混合所有制职业院校解决职业教育资源投入问题的方式是通过市场，它既不属于纯公益性事业也不属于经营性事业，而是介于二者之间的新型院校形态。作为一种投资行为，非公有资本参与办学在符合教育规律的同时也不能违背经济规律，投资需要获得收益。正因如此，让非公有资本投资者获取合理的报酬是我们必须重视的问题。虽然混合所有制职业院校具有非营利性，但并不意味着不可以获利，混合所有制职业院校并不反对开展技术推广、社会服务等教育活动，在大多数情况下产生适当的收益是必不可少的，因为教育需要财力的支持才可以顺利进行。

二、职业院校开展混合所有制的要求

（一）遵循中国特色的混合所有制

混合所有制职业院校是一种全新的办学模式。在公办职业院校开展混合所有制可以先从与社会资本的深度合作入手，从合作立项科研、教研项目，合作开发校企实践基地，合作建设专业、课程等开始试行，积累了实践经验后再逐步过渡到深层方面。同时，需要在法律层面切实保护学生与教职工的权益，切实保护学校法人的办学自主权和监督机制，保证混合所有制职业院校的发展符合法律规范。

（二）不以追求经济利益为目的

职业院校必须把人才培养放在首位，正确把握办学方向，保证学校的良性发展。《中华人民共和国教育法》明确规定，学校属于非营利性机构，不得以营利为目的，必须保证职业院校在合作中的决定权，否则，学校的办学目标可能会与国家目标相悖，逐步沦为企业获利的工具。

（三）实行董事会领导下的校长负责制

从实质上看，混合所有制职业院校是由多个利益相关者组成的团体，同时保留了教育的特殊性，通过多元化主体共同教育的方式，提高办学质量，激发创新活力。为此，现有的职业院校治理模式需要进行合理的改革。第一，进行增量改革，废除股东至上原则，将政府机构、教师、学生、社会组织代表等纳入董事会和校监会。第二，进行存量改革，处理好党委会与董事会之间的关系。校长依据学校章程和董事会的战略规划，负责学校的日常工作，实现投资者、管理者、执行者、教职员工及其他利益相关者之间的权力制衡、利益制衡与效益共赢。

（四）实行党委领导下的董事会管理模式

公办院校中的党政领导干部可以进入董事会，或在其中兼任领导职务。确定校企产权的政策界限、操作程序以及收益分配的方式，从而提高社会资本投入职业教育的主动性。学院的最高决策机构是董事会，学院院长是落实董事会决策的最高执行者，向董事会负责，由董事会任免。混合所有制职业院校与公办职业院校在内部管理体制方面的主要区别就在于混合所有制职业院校实行董事会领导下的院长负责制，从一定程度上说，这种制度表现出决策权和执行权的分离。董事会在混合所有制职业院校中的领导地位通过董事会领导下的院长负责制确立；董事会只参与决策有关混合所有制职业院校建设与发展过程中的重大问题。董事会应该保证院长在学校内部运行管理中的决策作用，确保其在授权范围内独立行使权利和履行义务，从而提高学校内部各项政策的执行力。

三、开展混合所有制的主要任务

职业院校实施混合所有制改革后，学校应该把工作重点放在培养行业企业需要的人才上，紧密结合人才培养与服务行业企业两个方面。学校应当根据行业企业对人才的需要灵活制订学校的发展方案、招生规模、招生结构、教育培养规划、专业设置、师资建设、教学计划。不断完善工作学习交互进行的模式，处理好工作与学习之间的关系，增强人才培养的专业性，不断提高人才竞争力。以校企双方优势资源为保障，以行业企业人才需求为导向，以产教融合为目标，以工学交替为手段，对各企业各岗位所需的能力进行深入研究，制订灵活合理的人才培养方案，提高技能训练、管理培训和理论教学的针对性和实用性。学校和企业共同培养人才有利于学生毕业后提前进入岗位实训期，把对行业管理能力的辅导与培训纳入校内理论学习中，实施理论学习和实践操作一体化教学，保证了学生在毕业时就已经具备胜任企业岗位的能力，提高了学生的就业竞争力和专业技术能力。

（一）加强专业集群建设

课程学习的内容要符合企业生产需要，企业制定岗位的用人标准和最新的岗位需要，学校和企业双方共同讨论制定人才培养规划和课程体系，增设人才需求量大的相关专业。学校和企业应当合作建立课程开发团队，使学校的理论教学课程体系深度契合企业岗位的实际需要。学校教师和企业教师分工合作，课程的整体设计、体系性知识的讲解、实践指导的提炼总结等工作由学校教师负责；教学项目的选择、经验型知识的讲解传授以及对学生实践操作的专门指导等工作由企业教师完成。同时，职业道德与职业精神的培养教育也不能忽视，应不断增强教师的教学能力和生产研发能力。深化学校管理模式改革，激发创造热情和办学活力，通过资金使用效率的提高不断增加办学综合收益。

（二）加强生产性实训基地建设

通过提供服务学生实践训练、教师实操训练、企业员工技能培训的条件，不断提高育人质量。在实践训练中，学生可以掌握本行业的新技能，学到新技术；教师可以实施高新技术和高新技能的教学工作；企业可以对员工进行新技能培训以适应生产需要。教学和生产紧密结合，有利于学生进行实际操作和真实设计，进而参与更深层次的实际生产过程。实训基地可以提供真实的工作环境、生产管理、生产设备，以及真实的产品、真实的项目，帮助学生通过体验真实的生产过程和服务过程收获真实的职业技能和工作经验。此外，学生的职业素养和职业道德在企业的实际管理中得到提高，为将来真正投入工作奠定了基础，同时，企业对高素质劳动力的需要也可以得到满足。

在职业院校开展混合所有制，有利于学校和企业互联互通，合作开创特色专业、建立人才培养与发展体系。学校和企业合作开发教学资源、共同建设实训平台，把院校专业设置和企业资源支持相结合，实现学校教育和企业需求相匹配，能够不断推动"产学研用"一体化的发展。

（三）混合所有制企业的选择

在职业院校中开展混合所有制，选择什么样的企业参与办学必须经过深思熟虑。第一，参与办学的企业必须具有良好的经营状况、合理的管理制度，具有创新能力，能够在行业内起到表率作用，能够引领学校专业的发展。如果企业本身技术落后，缺乏创新能力，可能会对学校发展产生不利影响。第二，参与办学的企业要能承担起育人责任，有多年的教育服务背景，不过分看重投资回报。选择有共同教育价值观的企业，合作起来也会相对轻松。第三，学校在与企业的合作中要坚持"共建、共管、共用、共赢"的原则，依据当地企业对人才的实际需要，共同开创学校特色专业，建立人才培养新模式。学校和企业共同培养人才、共同设立专业、共享教学资源，深化现代学徒制人才培养模式改革，共同造就校企合作典范，可为地方经济建设提供更好的服务。

深化职业院校混合所有制改革，学校和企业应以签订管理协议明确各自的权利和义务为合作基础。这种模式可以提高企业在办学活动中的参与感，有利于学校与企业深度融合。校企合作不仅使学校获得了优质社会资源的投入，还使企业获得了人才资源和社会效益，更使学生获得了快速提高职业技能的机会。

四、混合所有制改革中的核心问题

实施职业院校混合所有制改革是一次全新的尝试，不同的学校有不同的办学体制，其所设置的专业也不尽相同，不同的地区有不同的政策，因此，职业院校混合所有制改革无法直接套用现有的模式。当前，职业院校混合所有制改革中的核心问题有以下几个：

（一）产权配置问题

在混合所有制改革中，职业院校方面，需要明确学校资源的属性、确定资产评估的整体流程和资产评估的方法，划定产权分别属于哪种类型；企业方面，需要确保其投入的人员、资金和设备具有相对独立性。在办学初期，各合作方之间需要就相关资源配置和产权评估机制等问题达成一致，避免在后续的项目合作过程中产生日常管理、成本分摊、收益分配等方面的纠纷，进而对职业院校本身的正常运行产生无法挽回的影响。

此外，因为职业院校混合所有制改革过程中办学法人主体的确定、生均补助及专项经费的拨付、学费收取标准、人事编制关系界定、产权引进及划分、治理机制确立等重大改革内容涉及多个领域和多个管理部门，所以有关这些方面的改革需要摸索出一条特殊的道路。

目前，在职业院校混合所有制改革中，事业单位国有资产与营利性的私营资产合作是否合规、怎样确定合作的资产属性、用什么方法评估双方的投资价值、双方的资产在合作过程中怎样管理、怎样实现保值增值、使用何种方式分配收益等问题亟待解决。因此，国家有关部门或地方政府应该根据当地实际情况出台相关政策，从而推动校企合作的有序发展。

（二）合作方的权利义务需要明确

职业院校属于事业单位，具有非营利性，但投资方通常是民营企业，具有营利性，因此，需要用法律法规来确定校企双方的权利和义务、约束校企双方的合作，只有通过法律的明确规定才能切实保障合作双方的利益，提高企业投资办学的主动性。

混合所有制企业进入职业院校，不能简单地认为是在职业院校中建立现代企业制度，形成现代公司治理。简单来说，现代企业制度和现代公司治理的核心就是董事会的设立和功能的发挥。

（三）管理机制要不断完善

1. 学院采用董事会领导下的院长负责制

在混合所有制职业院校中，学校的院系负责人、企业的二级管理部门负责人承担学校的日常管理工作，而学校和企业的主要领导只是学校日常管理名义上的负责人。

学校党委成员经由法律规定的有关程序可以参与董事会，根据相关规定，董事会中的党员也可以加入学校党委，学校行政领导班子可以根据一定比例引入董事会中的非党员。职业院校中有关社会合作、技术转化、产学研协调、专业建设等方面的工作主要由董事会负责。

2. 建立风险防范机制

保障混合所有制职业院校平稳健康发展必须建立风险防范机制。建立风险防范机制必须遵循以下原则：首先，遵循积极发展的原则。地方政府要把混合所有制改革设立为职业院校改革的主要方向，积极出台相关政策鼓励、促进混合所有制院校的发展。其次，遵循稳步推进的原则。职业院校混合所有制改革不可急于一时，不能规定改革任务书，应该按照计划平稳推进改革。一些职业院校有改革的想法，地方政府可以先从这些院校入手进行改革试点，为后续更多院校改革积攒实践经验。最后，遵循降低风险的原则。地方政府要公平、公正、公开地进行改革，使权力在阳光下运行，最大限度地降低改革风险。

使企业承担起育人的责任、发挥育人的主体作用是职业院校混合所有制改革的最终目的。为了实现职业教育的高质量发展，学校和企业应该充分发挥自身的资源优势，在创设专业、建立课程体系、建设实践基地、科学研究、社会服务等方面深度融合，研究建立校企一体化育人新模式。

第五章　校企合作模式下人才培养创新实践

校企合作人才培养模式自20世纪在我国产生以来，一直呈现出一种稳定的发展趋势。在漫长的发展历程中，我国校企合作从无到有、从萌芽到发展、从发展到繁荣，如今已经成为高职院校人才培养的重要方向。校企合作模式下进行人才培养，需要政府、企业、学校各方面的努力。本章为校企合作模式下人才培养创新实践，主要从政府层面、企业层面、学校层面进行了探索。

第一节　政府层面

一、把握校企发展动向

当今社会需要大量的技术型人才，校企一体化的人才培养模式顺应时代潮流，符合当今职业教育的发展方向。在校企合作的实际运行过程中，政府也发挥着十分重要的作用。即便政府不是校企合作的直接参与者，但在宏观层面上，政府的相关举措对校企合作的发展方向有着深刻影响。所以，保障校企合作人才培养模式不断创新离不开政府的支持，地方政府应当根据实际情况出台相关政策助力校企合作的发展，从而推动我国职业教育的发展创新，为社会培养大批优秀人才。

在校企合作中，政府的主要任务是正确把握校企合作的发展动向。不论是从我国国内的社会环境还是从国际整体大环境上来看，教育都是社会发展的产物而不是单纯的教育事业，社会环境的变化深刻影响着教育的发展和演变。因此，要想推动校企合作进一步深入，政府必须通过实际考察、深入调研，整体把握校企合作发展动向，深入分析研判当下校企合作的发展趋势，制定具有时代性和可行性的政策方略。近些年，政府已经针对校企合作问题出台了多项相关政策以保障校企合作的改革与发展。在未来的发展过程中，政府应继续坚持从整体上正确把握校企合作发展动向，制定符合当地职业院校实际发展情况的方针政策。

第一，政府应该密切关注校企合作的发展。当今社会需要大量的技术型人才，虽然校企合作只是职业教育中的一部分，但校企合作是培养并提高学生创新能力和实践能力的有效途径，符合时代发展趋势，所以，校企合作在职业教育中的地位日渐提高。各级政府要从宏观上分析研判当前职业教育的发展状况，通过研究当下的问题判断职业教育事业未来的发展走向，使其成为政府制定相关政策的依据。政府工作人员可以在网络上搜集有关校企合作的大量数据，通过对这些数据的分析整合找出校企合作的发展规律，并对校企合作的未来发展走向做出判断；找到校企合作发展过程中的优缺点，分析问题，总结经验。

第二，政府应该成立有关校企合作的委员会，把教育领域的相关专家、行业协会的工作人员以及政府工作人员纳入委员会。委员会的工作主要是定期对校企合作的实际发展状况开展深入调查研究，政府与学校和企业三方共同对职业教育的未来发展做出合理规划。通过三方的讨论，政府工作人员可以明晰学校和企业双方对于校企合作未来发展的想法和建议，同时，政府工作人员可以根据校企合作未来发展的目标对学校和企业提出战略构想。政府、学校、企业三方定期交流、密切合作有利于政府获取校企合作事业的实时动态，正确把握校企合作发展动向，有利于政府制定具有鲜明时代特征的政策。

第三，政府参与校企合作，不能只停留在与学校和企业的沟通交流上，还要对学校进行实地考察。单纯从网络或讨论会上获取有关校企合作发展的信息难免会出现信息滞后或信息错误等问题，政府对学校进行实地考察可以获取校企合作发展情况的最新信息，具有更高的可信度。政府工作人员可以到职业院校亲自参观实践基地，了解学生校内外实践的真实情况，还可以与学生直接对话，获取学生对校企合作的真实体会，只有通过实地考察才能获取有关校企合作发展状况的真实信息。

第四，政府要与学校和企业建立广泛的信息互联。当今社会是一个信息化的社会，人们在互联网上可以获取各种各样的信息。在互联网上可以查询到学校的基本信息、日常教学信息、校企合作相关信息。政府的信息技术部门可以与学校和企业的信息技术部门建立普遍联系，通过互联网实现信息的互联互通。可以搭建一个专门为政府、学校和企业服务的网络平台，在为政府及时获取校企合作有关信息提供便利的同时，又方便学校和企业就有关问题及时向政府请示，为以后的实践教学活动转型发展奠定基础。

二、出台相关的法律法规

社会上的一切具体实践活动都不可以违背法律法规，无论校企合作采用什么模式以及校企合作未来向什么方向发展，始终都要在法律法规允许的范围内进行。所以，政府的政策支持在很大程度上可以对校企合作发展起到规范和导向作用，要从完善法律法规入手落实并促进校企合作的发展。

从实践经验上看，许多发达国家的校企合作已经取得了成功，这些成功案例告诉我们，校企合作事业得以顺利推进和开展，政府的支持和引导是必要条件。比如，在德国，政府颁布了《职业教育法》，并承认"双元制"职业教育专业目录，职业教育涉及的专业得到了国家层面的认可并且获得了社会公众的认可和支持。在英国，为了进一步提高教育的公平性，政府颁布了支持学生贷款学习深造的白皮书，使政府在教育方面的财政支出惠及更多学子，帮助这些学子制订符合实际情况的学习计划。在美国，政府建立了特色鲜明的社区学院，对毕业生就业以及在职人员提升技术水平或者转行发展其他职业技能起到了积极作用。在日本，政府将大量资金投入到校企合作上，为校企合作搭建专属平台，推出"协调者"制度，为校企合作提供法律支援。回顾近些年我国校企合作发展历程，可以看出我国的校企合作发生了翻天覆地的变化，其中政府的努力不容忽视。2018年，教育部、国家发展改革委、工业和信息化部、财政部、人力资源和社会保障部、国家税务总局等部门联合印发了《职业学校校企合作促进办法》（以下简称《办法》）。《办法》规定了校企合作组织形式、主体资质、合作形式、各方权责、协议内容、过程管理等，明确了职业学校和企业可以结合实际在人才培养、技术创新、就业创业、社会服务、文化传承等方面开展7种形式合作，提出了政府和社会资本合作、购买服务、落实财税用地、职业教育集团以及支持产教融合型企业试点、促进教师和企业人员双向流动、保护学生权益、建设服务体系等具体措施，规定了教育和相关部门的监督检查职责和违法行为的惩处机制等内容。《办法》同时规定，职业学校应当将参与校企合作作为教师业绩考核的内容，具有相关企业或生产经营管理一线工作经历的专业教师在评聘和晋升职务（职称）、评优表彰等方面，同等条件下优先对待；职业学校及教师、学生拥有知识产权的技术开发、产品设计等成果，可依法依规在企业作价入股；职业学校和企业对合作开发的专利及产品，根据双方协议，享有使用、处置和收益管理的自主权。

2022年5月1日，新版《中华人民共和国职业教育法》正式施行。历经长时间的改革和发展，现行《中华人民共和国职业教育法》在许多方面都有了显著的创新，更符合我国的教育现状。从学校层面看，校企合作正在持续进行，在不远的将来，国家有关部门仍然会继续出台具有可操作性的政策推动校企合作长远发展，促进国家法律、中央意见更好地落实落地，大幅推进职业教育产教融合、校企合作。对于未来的高职院校校企合作人才培养模式，政府还应进一步做好政策支持，为其构建强有力的政策保障。

首先，与校企合作人才培养相关的法律法规应当涉及该项事业的各个领域。事实上，校企合作并非单纯地让学生"进厂打工"，而是包含十分复杂的活动体系。单就校企合作的类型和模式来说就有若干种，因此与之相对应的政策要求也应更加丰富。例如，政策法规需要涉及管理体制、办学体制、职业教育与其他教育类型的沟通、教育制度、监督和评估制度、职业培训制度、资格证书制度等。所以，法律法规的制定需要政府工作人员进行全面考量。

其次，校企合作人才培养相关的法律法规应当符合不同区域的特点。我国疆域辽阔、民族众多，不同的地区具有不同的文化底蕴，而在不同文化底蕴的熏陶和影响下，不同地区的院校也具有不同的文化特点。同时，与文化特性相对应，不同区域的企业也彰显出不同的文化特征。因此，校企合作人才培养也具有文化的差异性。例如，我国西北地区是少数民族较多的区域，在青海省、甘肃省、宁夏回族自治区等地区有许多来自不同民族的同胞，他们所在的学校也多为民族性院校。同时，当地的企业文化也多以当地特色为主流，所以以上地区的校企合作就会有明显的地域性特点，无论是教学方式还是培训实践都会与其他地区有所不同。又如，我国东部沿海地区经济发达，开放性较强，与外来文化接触十分密切，当地院校和企业普遍更加重视交流、开放、融合。因此，政府制定关于校企合作的法律法规要具有一定的特殊性和区域性，要紧密结合当地的实际情况，只有这样才能促使当地高职院校与企业的合作更加顺利。

再次，校企合作人才培养相关的法律法规应随实际情况进行及时调整。与时俱进、勇于创新是我国多年发展过程中始终遵循和践行的重要准则。按照马克思主义辩证法的观点来看，任何事物都处于永恒的变化之中，运动是事物的根本性质，而静止只是相对的。因此，在社会主义现代化建设的进程中，社会也是时刻变化的集合体，我们制定的相关政策也应当适时调整，只有这样才能时刻顺应时代发展的潮流。各级政府工作人员要进一步认清校企合作事业的发展形势，审时度势，随教育理念、企业动态、行业要求等内容的变化而调整相关政策法规，以促进校企合作人才培养不断发展。

最后，校企合作人才培养相关的法律法规要建立在切实可行的基础之上。制定法律法规的根本目的是促进相关领域的健康发展，如果法律法规仅仅停留在书面上，那么只是空中楼阁，则无法对现实社会的发展带来实质性的帮助。只有各级政府始终遵循实事求是、理论联系实际的工作方针，保证法律法规始终贴合现实，从实际出发，法律法规才能发挥出其应有的作用。因此，政府部门需要深入调研、实地考察，对校企合作的实际情况进行全面把握，以确保法律法规制定之时具有准确可靠的参考。同时，还要对相关的政策进行试行。如果在试行阶段能取得预期效果，则意味着该政策具有很强的现实可行性；假如仅在试行阶段便遇到了现实性的阻碍，那么则需要进行适当调整。

三、提供充足的资金保障

在校企合作人才培养过程中，政府除了起规范作用和导向作用外，还可对校企双方起到推动作用，而推动作用是通过强有力的资金保障来体现的。进入21世纪，我国通过税收优惠、资金捐赠、财政扶持、资金奖励等方式对校企合作实施财政支持，颁布了《中华人民共和国高等教育法》《中华人民共和国职业教育法》等相关法律法规。这表明，对教育事业的资金支持已经引起我国政府的关注。从总体上看，政府已经在教育领域提供了一定的资金支持，在2004年发布的《财政部国家税务总局关于教育税收政策的通知》中明确规定，要求对企业资助用于教学和技能训练活动的资金和设备费用，纳税人通过中国境内非营利的社会团体、国家机关向教育事业的捐赠，准予在企业所得税和个人所得税前全额扣除。

针对我国校企合作方面财政支持的现状，应根据我国目前的财政情况，适当制定全新的相关财政政策。各级政府需要转变观念，调整固有的对于校企合作的财政政策，为校企合作的规模化、现代化发展提供更加充足的资金保障。

首先，要通过法律法规明确并细化政府对于企业的税收优惠政策。税收是政府获取财政经费的主要渠道之一，合理的税收不仅有助于政府获得充裕的经费，以便大力发展各项事业，同时也有利于拉动内需，激活消费潜力，对于社会经济发展具有长远的意义。但是由于我国疆域辽阔，不同地区的经济发展情况存在明显的差异，不同行业的特性也各不相同，所以税收政策也不应一概而论，在不同的时期，针对不同的具体行业应适当对税收政策进行调整。针对高职院校校企合作这一特殊的教学模式，政府应适当进行税收方面的调整。这是因为校企合作既属于教学活动又属于商业活动，属于教学活动和商业活动的"综合体"，政府应该根据当地的实际情况制定相关的法律法规，对企业实施税收减免，并且根据不同的校企合作形式规定不同的减免额度。比如，教育部、人力资源和社会保障部、财政部、国家发展和改革委员会等相关部门可以共同组成一个"校企合作委员会"，委员会根据不同区域的实际情况制定相关政策，确定对于企业的税收优惠政策，主要包括免税或奖金等。这样一来，不仅有利于解决学校与企业在联合过程中的困难，还有利于调动企业与学校合作搭建培训平台的积极性。

其次，要不断增强财政激励政策。当今世界的竞争已经成为科技的竞争，我国必须加大对教育事业的投入，另外也要为实施校企合作的学校和企业出台更多的财政激励政策。政府要为投入校企合作的企业拓宽财政支持渠道，使企业在校企合作中获得实质收益，这样企业才会更主动地为学校提供更好的实训基地。例如，政府可以专门成立校企合作经费使用情况调研小组，评判不同地区校企合作是否需要资金支持。如果校企合作资金欠缺，可以为其设立财政专项拨款，以促进其发展。"比如说采取教育券的方式，或者通过相应的税收减免，来鼓励企业接收实习学生。在银行贷款、项目承接等活动中，国家也应给予此类企业一定的政策优惠，努力做到不让学生实习成本成为学校和企业的负担，以培养更多优秀的人才。"[1]

再次，启动校企合作财政专项资金计划。专项资金是政府下拨的专门用途的资金，这种资金一般都需要单独核算、专款专用，并且需要工作人员单独报账。相较于其他财政支出来说，这种资金具有更强的特殊性和指向性，只能应用于政府所规定的领域。

最后，要帮助校企合作畅通资金流通渠道。企业在运转的过程中，无法避免会与其他企业或银行发生联系，如商贸往来、借贷等情况。政府除了可以直接为企业提供资金扶持之外，也可以通过间接渠道对企业进行扶持，即帮助企业畅通金融业务，帮助其适当减少贷款审批步骤，让企业能够尽快使现有资金流动起来，从而保障校企合作的稳定开展。

四、构建积极的社会环境

高职教育既是职业教育的组成部分，又是高等教育的组成部分，具有许多其他教育类型不具备的特性。高职教育在我国的教育领域扮演着十分重要的角色，通过科学合理的高职教育，能够培养出一批具有一定的文化素质，且具有较强动

---

[1] 赵涛，马焕灵．实施财政支持政策促进高校校企合作[J]．中国高等教育，2012（20）：58-60．

手能力与创新能力的实践应用型人才。自 20 世纪高职教育开始发展以来，我国的高职教育体系不断发展、不断完善，如今已经成为我国高等教育事业中不可或缺的重要一环。

目前，人们对于高职教育的看法已经发生了明显改观。一方面，伴随学术型人才愈发增多，社会对于技术型人才的呼声也越来越大。对于许多岗位而言，技术型人才在某种意义上比学术型人才更加重要，他们或将成为行业发展的中流砥柱；另一方面，受到西方部分国家的影响，如德国、法国等，人们对于高职教育的态度有了明显改变。这意味着高职学生与以往相比有着更加广阔的发展前景。政府应协同有关部门加大整治力度，努力构建积极的社会环境，让学生在更加积极的社会氛围中接受教育。

应加强宏观调控，协同有关部门构建有利于高职院校校企合作稳步推进的社会环境。例如，有关部门可通过互联网对当代高职教育校企合作进行广泛宣传。如今我们已然进入信息化时代，信息的沟通与交流变得更加高效便捷，人们只需要轻点手指，就能利用移动终端获取信息和发布消息。因此，有关部门可在互联网平台开通门户网站，在网站中发布与高职教育相关的信息，以引起社会群体对于高职教育的关注，包括"高职毕业生数量逐年增加""高职毕业生就业前景向好""高职院校校企合作的实践成果"等。又如，有关部门可以通过开展与高职教育相关的各项社会活动，加深群众对于高职教育的了解程度，转变人们的固有观念，为高职教育校企合作人才培养创设更加有利的社会环境。

五、完善市场监管体系

市场监管，指对市场和市场规则的监管。市场监管不是对某一行业、某一具体市场、某一区域的管理，而是具有普遍性的监督管理。校企合作不仅是一种人才培养的重要途径与方式，而且与行业的发展紧密挂钩。因此，完善市场监管体系尤为重要。在完善的监管体系中，各行业才能获得长足稳定的发展，可见市场监管对于行业发展具有举足轻重的作用。市场监管需要遵循特定的原则，在既定原则的规定下才能确保监管活动取得应有的成效，主要原则包括公开原则、公平原则、公正原则。公开原则的核心要求是实现市场信息的公开化；公平原则要求市场参与者具有平等的法律地位，各自的合法权益能够得到公平的保护；公正原则要求面对各类事宜，有关部门都能公正处理。总之，创造公开、公平、公正的市场环境，是保证所有的市场参与者都能按照市场经济正常运行的原则获取报酬的保障。高职教育校企合作人才培养也需要遵循相应的原则，而这一切都需要有关部门对市场监管体系进行完善，只有在科学化、完善化的体系内，校企合作活动才能不断深化推进。政府需要加强宏观调控，敦促有关部门明确自身权责义务，逐渐完善市场监管体系，为高职院校校企合作的发展构建更加良好的社会环境。

首先，要完善市场监督管理制度，一切市场行为都要在监督管理制度的要求与约束下进行，任何违反相关制度的行为都应严格禁止。各级政府要派出调查专员，深入调查当地市场监督管理的执行情况，对于管理上的疏漏要严加巡查，并且委派专门负责人员对其进行整改。在整改市场监督管理制度的同时，要注意结合实际情况，从实际出发。不同地区的市场发展模式必然存在一些差别，要避免"依葫芦画瓢"，否则只会使相关制度陷入死板僵化的境地，难以产生实际效用。

其次，要成立专职于校企合作的市场监督管理组织，为参与校企合作的企业保驾护航，帮助它们在开展和深化校企合作的过程中维护企业权益，避免它们受到其他压力而导致校企合作失败。同时，市场监督管理组织还需要对参与校企合作的企业进行广泛调研，确保企业在校企合作过程中合规合法。学生群体维权意识较差，属于社会中的弱势群体，一定要严格避免无故克扣工资等不良事件发生，保护相关企业权益的同时也需要保障参与实践工作的学生群体的利益。

最后，要在宏观层面制定并创新市场运行评价标准。科学全面的评价标准是验证市场监督管理体系是否有效的"法宝"与"准绳"，因此要结合行业特征对相关评价标准进行调整与创新。即使评价标准曾经适用，但是如果没有随着市场模式变化而进行创新，那么也会很快被市场所淘汰，其原有的评价功能也会减弱。各级政府需要派专员与有关部门的管理者取得联系，共同探讨市场监督管理评价标准的创新构建，采取相关的可行性措施，确保监管活动真实有效，从而保障校企合作事业的合理运转。

第二节　企业层面

一、激发合作内生动力

校企合作的主要参与者是学校和企业，这种"双元"的构成模式是如今绝大多数校企合作的普遍状态。学校与企业合作的深度在很大程度上取决于双方的内生动力，即内在驱动力。如果学校与企业都对校企合作具有很高的积极性，那么在关于校企合作具体事宜的商讨上，双方都会十分积极主动，校企合作的开展进程也会十分迅速。这样一来，学生的实践过程也将更加顺利。校企合作人才培养创新需要大力激发各企业对于发展校企合作事业的内生动力。

企业管理阶层需要不断更新自身观念，大力配合校企合作。企业管理阶层是校企合作的主要参与者，他们不仅管理企业的运转工作，同时对校企合作的发展有很大的参与权，尤其是对于顶岗培训、实践培训等事宜，企业管理者有着很大的决策权。因此，只有企业管理阶层转变观念，真正意识到校企合作的现实意义，才能促进企业积极参与校企合作。近年来，政府已对此做出相关论述，如《国务院关于大力发展职业教育的决定》中表示要"进一步建立和完善适应社会主义市场经济体制，满足人民群众终身学习需要，与市场需求和劳动就业紧密结合，校企合作、工学结合，结构合理、形式多样，灵活开放、自主发展，有中国特色的现代职业教育体系"，还强调"依靠行业企业发展职业教育，推动职业院校与企业的密切结合"。以上政策充分表明校企合作已经成为当代重要的教育形式之一，其与社会发展具有密切联系。企业管理阶层也应当充分学习相关政策，进一步认清校企合作的深刻内涵。基于这种情况，有关部门应该加大校企合作的宣传力度，转变企业对于校企合作的观念和态度，使企业意识到参与校企合作不是以获利为根本目的，而是为了履行义务和承担责任。

二、科研成果全面共享

企业发展的动力在于科研创新。在知识经济时代，只有掌握先进的技术手段，才能促使企业在不断创新的带领下取得多项重大突破，而技术上的突破才能为企业带来源源不断的利润。因此，当代社会各企业都十分重视科研项目的发展，许多高端企业已在企业内部单独设立科研实验室，着力促进产业革新。

只有不断深化校企合作的技术深度，才能推动校企合作不断发展，使学校与企业实现互利双赢。事实上，学校与企业是密切联系的两个主体，它们二者共同构成校企合作这一"集合"。"学校和企业，一方是重要的知识和技能型人才的培养产出方，一方是毕业生人才的雇佣接收方，二者在这一点上应该有着很好的合作基础。作为企业方，有着一线生产技术和广泛的就业岗位，又有着人才的巨大需求，所以，从长远来看，企业可以通过与高校进行深度交流合作，以培养优质合格人才为共同的目标导向，以求互利共赢。"[1]

---

[1] 刘杰. 高职院校校企合作人才培养模式的现状、问题与对策研究[D]. 桂林：广西师范大学，2017.

首先，企业管理阶层需要认清形势。校企合作并非只是对学校和学生有利，在某种意义上，校企合作能达成"三赢"的局面。对于学生而言，可以减缓经济压力，在上学的同时赚取一些"外快"；对于学校而言，有利于实现全面教学，丰富教学方式，同时还能促进"双师型"教师的转变；对于企业而言，有利于培养企业未来的后备人才。因此，企业应对学校和学生以诚相待，努力实现科研成果全面共享，促进实习学生实践能力与创新能力快速提升。这也是对企业未来发展的一种"投资"。

其次，企业可以提供专项合作资金以及专项奖学金，鼓励学生认真学习重要技能以服务企业活动；奖励为校企合作做出突出贡献的优秀教师，提供基础教学设备，分享企业最新技术成果。同时，企业还要及时与学校召开技术交流会议，共同开展在职培训等活动；增加合作院校办学竞争力，加强合作院校师资队伍建设，改善合作院校教学条件，拓展合作院校就业渠道，使合作院校与行业领先技术同步同轨；建立校企双方有效沟通渠道，使合作院校成为企业人才培养教学中心；储备技术人才，使校企合作平台成为区域的科普体验中心和技术交流中心。

总之，学校与企业在合作的过程各有长处、各具特色，双方可以各自发挥长处，实现资源共享、合作开发，只有这样，企业才能降低总体成本，逐渐获得收益。如果企业只是"应付差事"，只让学生随意做一些闲杂工作，对他们不信任，不愿付出丝毫的成本，那么也难以在未来收获大批优质的专业化职工。

三、建立健全培训制度

校企合作开展的过程中，多数情况下学生需要在企业进行实践。学生虽然已经在学校接受过专业理论教学，但是直接进入企业并且面对真正的工作环境时，不可避免地会产生紧张情绪，加之学生年纪尚轻，心理承受能力不足，甚至会产生比较严重的抵触情绪和畏难情绪。为了帮助学生克服初次上岗的心理压力，帮助他们尽快掌握实践操作能力，企业需要强化人才培训，建立健全培训制度。

企业管理阶层需要高度重视培训制度，科学合理的培训制度是确保实习阶段的学生顺利上岗且完成基本操作任务的重要保障。管理阶层需要转变观念，并且努力向培训制度比较完善的同行业企业"取经"，力图不断建立健全培训制度，这对于学生和企业都具有积极意义。

首先，企业内部需要设立培训委员会，委员会成员要包括企业内部高层人员、行业专家、行业优秀员工等。这些人各自对本行业的不同方面有丰富的了解与认知。例如，企业内部高层人员对于企业未来的发展规划有清晰认知，行业专家对于行业未来发展前景有科学判断，而行业内的优秀员工对于工作相关的实践技巧掌握纯熟。由他们共同商议并确立培训制度具有较强的科学性与合理性，不至于出现培训制度过于片面或培训制度不切实际的情况。培训委员会的日常工作主要包括强化员工实践操作训练，提高员工技术水准与工作技能，从而满足企业发展需要。具体到校企合作的实习学生身上，培训委员会需要着重提升他们的基础操作能力，对他们进行全方位培训安排。在培训过程中，以师徒制作为主要形式，可"一师带一徒"，也可"一师带多徒"，需要根据工作特性来具体安排。需要注意的是，委员会工作人员要在做出培训及相关事项的决定之前进行商议，任何培训计划上的变更都需要经过全面商讨之后再做定夺，以确保培训活动的合理性。

其次，企业需要单独设立培训制度评价机构。评价活动对于任何行业、任何领域都具有十分重要的作用，积极合理的评价有助于企业更加准确地认清自身，找准自身的发展方向，从而制订今后的发展规划。当企业设有体系完备的评价机构之后，机构内部工作人员可以切实履行主体责任，不断深化评价活动，规范工作流程，对于企业发展具有很强的矫正作用与辅助作用。在评价的过程中，工作人员要始终秉持公平、公正、公开的原则，杜绝任何评价要求之外的行为。

再次，企业要根据自身发展规划与校企合作具体安排的变化而适当调整培训制度。培训制度设立完成之后，并不意味着制度将一成不变，制度也需要随着具体情况的变化而变化。需要注意的是，制度要时刻谨遵根本原则，在遵循原则的基础上进行适当调整，若随意变更制度，则容易引起培训工作的混乱，造成不良影响。第一，企业管理者需要从宏观上把握企业发展趋向，考量校企合作培训制度与企业发展之间的必然关系，以促进企业发展作为准则和目标，调整校企合作培训制度的具体细则。第二，派出市场专员进行广泛性市场调查与走访，搜集大量与行业市场相关的实际信息，包括各类数据等。企业工作人员再根据这些数据对本企业进行对比，针对弱势领域进行适当调整，对相关培训制度进行调整。

最后，企业培训制度可以在与同行业其他企业的交流沟通下制定。对于同一行业而言，不同的企业虽然具体情况不同，但是在宏观层面具有一致性，这就决定了同行业的不同企业在培训制度方面也会有一定的相似性。参与校企合作的企业在制定培训制度时可以借鉴其他企业的培训制度。通过对多种培训制度进行考察、归纳、总结，企业管理者往往能从中获得新的灵感，从而更好地建立健全自身的培训制度。

四、畅通人才晋升渠道

职业生涯的高度在很大程度上受到环境的影响，而员工所处的直接环境便是企业。企业如果具有畅通的人才晋升渠道，为员工打通上升空间，员工的工作积极性将会被有效调动起来，这对于员工的能力提升以及企业的长远发展都具有一定的积极意义。

在校企合作人才培养过程中，企业应当畅通人才晋升渠道，为即将步入岗位的学生开辟更加广阔的"领地"，让他们对职业前景充满希望。即将毕业的学生士气高昂、满怀憧憬，他们更加希望获得上升空间。在缺乏上升空间的企业进行实践，他们的工作积极性和实践主动性将会大打折扣，这显然并不利于校企合作事业的内涵式发展，只会让活动流于表面。因此，企业需要着力畅通人才晋升渠道，帮助实习学生树立长远发展目标，为他们在职业领域提供具有可靠性和流动性的上升空间。

（一）人才选拔机制

人才选拔指企业为了满足发展的需要，根据人力资源规划和职务分析的要求，寻找吸引那些既有能力又有兴趣到本企业任职的人员，并从中挑选出适宜人员予以录用的过程，以确保企业的各项活动正常进行。人才选拔是其他各项活动得以开展的前提和基础。

在校企合作人才培养过程中，人才选拔机制是畅通人才晋升渠道的第一步。科学的人才选拔能帮助企业精准地找到具有发展潜力的优秀实习学生。当学生真正步入工作岗位后，管理者可对其进行专门培训，助力其职业能力不断提升。建立健全人才选拔机制具有多重优势：其一，有利于发现具有一定天赋和潜能的员工，在今后的职业生涯中，可对其进行专门培训，促进其各项能力快速提升；其二，有利于企业培养后备人才，在知识经济时代，人才成为重要的发展命题，选拔出的佼佼者有望成为企业未来发展的推动者。总之，建立健全人才选拔机制尤为必要。人才选拔包括选拔者、选拔对象、选拔情景（社会环境或管理体制）和选拔中介（选拔原则、方法、标准等）四个要素。隐藏在系统内部四个要素之间以及与外部环境之间的作用方式，就是人才选拔机制。

在建立人才选拔机制时，需要注意如下要点：第一，选拔实习人才要与企业的发展目标一致。任何企业在其不同的发展阶段都有不同的发展目标和整体规划。在选拔人才时，企业一定要考虑企业自身的各项因素，如果实习人才对于企业发展目标难以产生积极效用，则要避免选择这类人。第二，选拔实习人才要与行业环境相协调。企业所处行业的整体动向决定了企业未来的发展走向，因此，管理者需要明确行业发展动态，根据发展动态量身制定人才选拔策略。第三，选拔人才要与人才市场的供应情况挂钩。行业市场比较兴旺时，可以适当提高选拔门槛，在众多人才中选拔更为优异的人才，而在市场比较萧条时，应适当降低选拔门槛。第四，选拔人才需要考量收益与成本的关系。

（二）明确晋升要求

为了畅通人才晋升渠道，企业需要预先明确晋升要求。具备一定发展潜力的员工可被视为企业重点培养的对象，但是仍然需要满足一定的晋升要求，如果无法满足相关要求，则会引起其他员工的不满情绪。晋升要求并无统一规定，具体晋升要求由企业管理人员具体规定。

在多数企业中，会为取得如下成绩的员工赋予晋升机会：员工忠于公司，并连续几年为公司带来稳定收益；积极做好本职工作，在某年为公司带来高额收益；业务能力具有个人特色且成效卓著等。在校企合作人才培养的过程中，为了大幅提高学生的积极性，为企业培养后备人才，需要为学生预先明确晋升要求，这有利于提升他们的工作动力。

五、深化校企合作

在校企合作人才培养的过程中，企业不是独立的个体，而是合作教学的教学主体，它与高职院校共同构成了实践协同育人的"双主体"，因此深化校企合作深度必然需要企业的大力支持与高度参与。进一步强化合作深度，有效提升学生的实践能力和操作能力，需要企业对此做出努力。相较于高职院校和科研机构，企业是以经济效益为根本目标的经济体。企业具有雄厚的资本积累，具有资助校企合作深度开展的实力。

首先，企业要为高职院校和科研机构提供资金支持，支持教育与科研，这也是对企业未来发展的一种投资。只有让学生群体进行大量实践活动，他们的工作能力才能获得有效锻炼，他们将来进入企业才能在自身岗位"发光发热"。如果企业吝惜自己的资金，对于高职院校和科研机构丝毫不提供相应的资金支持，那么学生的实践教学与科研活动将受到阻碍，这势必会影响校企合作协同育人的最终成效。

其次，企业要为高职院校和科研机构提供人才支持。虽然高职院校与科研机构中有大量学术性的专业人才和专业教师，他们在相关领域甚至有卓著的科研成果，但是付诸实践未必强于企业中的"师傅"。因此，企业要提供专业性、实际性的人才支持，以"师傅"来丰富教学课堂，让学生在学习理论知识的同时，还能大幅提升实践能力，为将来真正进入工作岗位打下坚实的基础。

再次，企业要为学生打造配套完善的实训基地。在校企合作事业中，实训基地是必不可少的场所。根据合作具体形式的不同，实训基地可建于校内，亦可建于企业，但无论场所具体位置处于哪里，只要方便学生进行实训，便能取得应有的效果。在实训基地的构建过程中，要大量使用先进的硬件设施，给学生提供真实的实践环境，让他们在实践中探索、在实践中收获。

最后，企业要为高职院校的师资队伍建设提供有力支持。学校与企业共同构成校企合作协同育人的"双元主体"。学校与企业的不同教育形式具有不同的优势，企业应巧妙利用自身优势，帮助高职院校教师获得教学能力方面的提升，从而间接推动校企合作高质量发展。例如，企业可以开展"教师进企"活动。虽然教师具有专业的理论知识素养，但是他们的专业实践能力却很可能弱于企业中的"师傅"，对他们进行实践强化，有助于今后优化实践教学。又如，企业可以定期安排专业员工为教师进行集体授课，为他们演示当前业内先进设备的使用方法，让他们与时代接轨，使知识不再停留于书本，这样一来，高职教师也能在今后的教学中为学生群体进行更多实践演示，从而加深学生对于行业的了解。

第三节　学校层面

一、科学构建教学体系

校企合作人才培养的重要方面在于教学体系的构建。相较于常规高职教学，校企合作的教育模式具有更加丰富的课程内容、教学形式，当然也需要更高质量的教学团队，这对于高职院校学生的全面发展具有重要意义。

当前，我国高等职业教育已经完成扩大规模阶段，逐步迈进内涵建设阶段，现阶段高等职业教育发展的核心和关键问题是课程建设与改革。工学结合、校企合作课程开发是当前大部分高等职业院校都在采用的方式。

首先，要优化完善教学团队。以往的教学团队一般由校内任教于不同科目的高职教师共同组成。完全由教师组成的教学团队优势十分明显，他们的教学手法十分丰富，课堂掌控十分娴熟，但是以往的授课多以理论为主，一旦涉及实践教学，结果有时不尽如人意。因此，校企合作协同育人要对教学团队进行优化。第一，要吸收大量来自企业的技术人员，聘请他们扩充固有的师资队伍，为教师群体进行更多实践示范，带动教师共同提高实践教学能力；第二，要组织高职教师定期"下厂"，到企业观看生产实践，经过细心观摩与深入交流，教师群体对与专业相关的实际工作会具备更加准确细致的把握；第三，要额外招聘具有丰富实践经验的教师，由他们来充实已有的教师团队。如今，高职院校中的教师团队展现出年轻化的特点，甚至许多教师才刚刚毕业不久，他们对于专业理论掌握得比较扎实，但是缺乏实践、缺乏经验，聘请具有经验的"老教师"带队，能为优化完善教学团队起到重要的作用。

其次，要优化创新教材内容。教材是教师开展教学活动的参照，是教学活动的遵循，教材的选取至关重要。校企合作协同育人需要选取合适的教材，结合高职学生的特点，进行特色化教学。如果教材的选取不到位，教材内容不符合实际情况，那么即使教学团队具备优异的教学能力，也难以使学生的专业能力获得有效提升。教材的选取要适合高职学生的特点，教材中除了包含体系化的理论知识之外，还要针对学生的实践能力进行强化。在讲解过程中，高职教师也应理论实践并重，不可以只研究理论知识的讲授方法而忽视实践教学。同时，教材还应加入丰富的应用性内容，如实践应用题、理论联系实践的思考题等。

再次，要适当对教学方法进行丰富。高职教师要采取多种教学方法，包括情境教学法、多媒体演示法、练习法、参观教学法、现场教学法、自主学习法等，通过多种教学方法的有力补充，强化教学的实践性，让高职学生能在获取理论知识的同时，同步提升自身实践能力。例如，开展与通信相关专业的校企合作教学时，高职教师可以采用课程实施一体化的教学方式，主要体现为实施主体、教学过程和教学场所三方面的变化。教学主体由教师转变为学生，同时结合通信行业的特点，将学生划分成不同的小组，以小组的形式完成项目，构建以合作为主题的新型师生关系和生生关系，真正凸显学习者的中心地位；教学过程与工作过程相结合，做到学生心理过程与行动过程一体化；教学场所将传统的教室、专业教室和实训室相结合，打造融合"教、学、做"为一体的教学环境。

最后，要对教学结果进行客观科学的评价。评价体系是教学活动中不可忽视的一环。教学体系是一个整体，其中包括教学设计、教学方式、教学内容、教学反馈、教学评价等多方面的内容。如果只是完成基本的教学实践，而未进行最终的教学评价，则不属于完整的教学活动。教学评价能帮助教师掌握学生的学习情况，教师不仅可以实现对自我教学活动的深刻反思，还能针对自己的不足进行教学优化和创新。高职教师要在每次课程结束之后，大量接收学生的反馈，或者通过录像等形式来了解学生的听课情况，从而对课堂中的各要素进行分析。校企合作协同育人要求进行教学评价，包括对教师的评价与对学生的评价。只有进行全面、科学、客观的评价，才能为校企合作协同育人的未来发展提供可靠的借鉴与依据。

二、全面强化师资队伍

师资能为教育事业提供强大的推动力，是教育事业的承担者和执行者。在优秀的师资团队影响下，教育事业能取得突飞猛进的发展。

如果师资力量规模不够强大，则会导致授课效果大打折扣，学生也难以真正将课堂所习得的内容应用于实践。尊师重教作为我国的优秀传统，已经深深根植于中华民族的血脉之中。在人类文明发展进程中，教师这一角色具有鲜明的时代特征。随着历史的发展演变，教师的作用和地位也在被不断地加深和诠释。师资力量对社会的教育事业发展具有重要作用。如今的高职教育与实践联系甚密，其对于优秀师资团队的需求也越来越高。

自 20 世纪 50 年代中叶开始，高职教育的师资队伍不断壮大。如今，国内教育领域对高职教师队伍的要求也越来越高，一般要求合格的高职教师具备如下素养和能力：本科以上学历，并具有教师职业资格证书；要有良好的师德，以身作则；具有较深的文化知识储备和较强的业务能力，不但要精通自己担任的课程，对于其他学科的知识也要有一定程度的了解，做到各学科之间相互贯通，使自己的教学思路更加开阔；普通话标准，有较好的口头和书面表达能力，要有良好的沟通能力。此外，对具体专业的高职教师还有更为细致的其他要求。在产教融合与校企合作的背景下，高职教师群体成为学院与企业连接的"中间人"，因此，有关部门和高职院校想要进一步优化校企合作人才培养模式，就必须对高职院校的师资队伍进行强化。只有在具备卓著的教学、实践等能力的教师群体的影响之下，高职学生才能不断获得专业水平的提升，才能逐渐达到社会所需的技能型人才的标准。高职院校强化师资队伍的途径如下：

（一）推进"双师型"教师建设

"双师型"教师是高职教育中教师的特定称呼，是指"双证"教师或"双职称"教师。此外，对于"双师型"教师还有许多其他的解释，如"双素质论""双能力论""双融合论"等。不过按照教育界的普遍看法，高职院校"双师型"教师要同时具备以下几个方面的素质和能力：

一是具有相当水平的专业能力，即拥有与所教科目相关的丰富的行业知识，并能将其融入整个教育教学过程。

二是具有相应的适应能力和创新能力，即适应信息、技术、经济等快速变化的时代要求，具有良好的创新精神，善于组织和引导学生开展创造性活动。

三是具有相当的社会沟通、互动、组织和协调能力，能在校园内与学生互动，以及与企业中的行业专业人士沟通和互动。

四是具有良好的职业道德，具有教书育人和提供专业指导的素质和能力。

五是具有与教师职业相适应的行业和专业素质，具有丰富的行业和职业基础理论、基础知识和实践能力。

六是具有相当的管理技能，这不仅包括良好的课堂和教学管理能力，还包括企业和行业管理能力，以及引导学生参与企业和行业管理的能力。

高等职业院校想要提高师资质量，培养"双师型"教师是一个主要方式，同时，培养"双师型"教师响应了党在建成优秀教师群体方面的号召。《国务院关于加快发展现代职业教育的决定》（以下简称《决定》）明确提出，要建设专兼结合的"双师型"教师队伍，实施教师专业标准，落实教师企业实践制度。《决定》还指出，要构建并完善将企业中的高级技术人员、高级工程师引入职业院校任教的机制。近些年，高职院校教师无论是在专业素质方面还是在实践方面，能力都有明显提高。首先，实施专业的教学培训，使企业中具有较高文化素养的优秀技术人员可以成为高职院校教师中的一员，丰富了高职院校中实践教师的师资储备；其次，让部分高职院校教师进入企业，并为他们提供技能教学、操作技术等培训，从而提高高职院校教师的专业技术水平和实践应用能力。

（二）优化高职教师培训活动

师资培训是目前教育事业中比较常见的话题。教师走上岗位，并不意味从此不再进行相关学习，而是必须随着时代发展与教育观念的更新不断接受相关培训。未来高职院校与相关培训机构需要加大合作力度，共同提升高职教师培训质量，为高职教师综合能力的不断提升另辟蹊径。

首先，要丰富和充实培训内容。不能只是简单地进行专业知识培训，师德和教育理念方面的培训同样必不可少。师德方面，要经常性地组织教师认真学习《教师法》《教育法》《未成年人保护法》《高等学校教师职业道德规范》等；要求教师在享有权利的同时不能忽视自身职责和义务的履行；加强对教师的法治教育和社会公德教育，争取让每一位教师都能成为遵纪守法和遵守社会公德的典范，在全社会树立起教师良好的社会形象，真正做到"一言一行为人师表，一举一动堪称楷模"；定期对先进教师进行表彰，使其成为其他教师的模范，用身边真实鲜活的例子激励更多教师向好发展，帮助教师建立起正确的事业观、价值观和人生观，使教师教书育人、敬业爱生的责任感和使命感不断提高。理念方面，学校可以组织教师阅读有关教育理论的图书，帮助教师提高教育理论素养；针对新课程改革，学校应积极组织教师进行有关教育教学知识的系统性学习，快速把握教育改革的方向和有关教育事业的大政方针；集中人力广泛搜集信息，将报刊和网络上有关课程改革的信息进行整合，在教师中开展对课程改革的学习和讨论，让学校的教育理念始终符合时代要求。教学方面，主要包括教材教法培训、教研能力培训、教学基本功培训等分支。应定期开展有关课程改革目标、指导思想以及新课程标准所体现的理念等方面的培训，使教师对于课程改革有更深层次的理解，分析新课程改革中每个学科的突破点及其在实际教学中的应用，由此建立理论依据，帮助教师将理论运用于实践，制定相应的教学及评价策略；对相关学科的课程标准进行深入研究，针对各学科教材内容进行培训，帮助教师更好地理解教材，从而对教学方法进行优化；研究吸纳优秀教学设计、优秀课堂实录，提高教师的教学能力。应开展教研能力培训。协助教师学习和掌握教学和研究的一般方法，学习如何识别问题、筛选问题，并制订与教学实践密切相关的研究计划；如何有效地进行研究以达到预期的研究效果；如何收集和整理研究信息，进行总结、深化和提升，使教学、研究真正成为教师提高自我的自觉行为。此外，还应开展教学基本功培训。要注重青年教师的教学基本功建设，增强全体教师的课堂教学艺术感染力和信息技术的使用能力，做好青年教师课堂教学水平达标的监测和评价工作。

其次，要优化创新高职师资培训模式。培训者需要对高职师资培训模式进行适当的优化创新。第一，培训专员需要适当地为受训教师变换培训模式，以多样化的培训模式代替单一的面授式培训，包括情境化培训、信息化培训等。例如，运用情境化培训，为受训教师打造和模拟接近企业真正生产情况的虚拟场景，在这样的场景下，教师仿佛置身于企业中，能获得更加直观的体验和感悟。又如，运用信息化培训，在培训课程中，培训专员巧妙运用各种各样的信息化设备，丰富培训活动的表现形式，带给教师群体别样的体验。第二，培训组织机构要与受训教师群体适当进行交流探讨，表达各方观点。教师可以对培训方做出比较及时的反馈，双方能够在共同交流之后，不断优化培训模式，从而找到最适合高职教师综合能力稳步提升的有效手段。

再次，要完善高职师资培训管理制度。高职师资培训过程复杂，包含许多烦琐的具体事宜，针对具体情况，管理者需要制定不同的应对措施，以确保高职师资培训活动的稳步开展。而这一切有赖于科学、完善、合理、有效的管理制度，只有制定完善的高职师资培训管理制度，才能确保培训活动始终"保持正规"。例如，高职院校与培训机构共同进行深入交流与商讨，成立管理制度评审委员会，对高职师资培训管理制度的相关内容进行深入研究，并随着行业动态变化，对管理制度进行适当调整。又如，管理制度的制定者与审查者研究其他院校师资培训管理的相关案例，通过对这些案例进行分析和总结，找到其中适用于自身的管理措施与创新手法，从而促进高职师资培训管理制度不断优化。

最后，要构建高职师资培训考核体系。高职师资培训考核体系虽然不在具体的培训环节与流程的范围之内，但是它对于师资培训是不可或缺的，缺少考核体系，则无法判断培训活动是否取得应有的效用。因此，高职院校要在内部构建考核体系，考核内容即培训相关内容，考核模式以问答形式为主。考核时，由组织者对教师进行提问，通过分析教师回答的内容，准确判断教师是否通过接受培训而有效提升其相应能力。

总之，考核体系属于师资培训活动的保障，只有通过适当的考核，才能得出科学的结论，培训管理人员才能根据结论调控接下来的师资培训活动的"动向"。

（三）高职院校严格师资准入制度

目前，我国职业教育正在向增值赋能、提质培优的方向发展，发展校企合作职业教育，需要建立起教学能力强、文化素质高的教师队伍。应该对高职院校教师准入制度设置独立标准。只有调整准入制度，才能确保今后进入高职教育事业的教师都具备比较全面的能力，才能确保他们可以真正胜任新时代高职教育的相关任务。

首先，要建立双师素质的准入导向。在教师准入制度改革中，要以双师素质为导向，完善职业教育教师资格考试制度，通过直接考查建立高层次、高技能人才公开招聘机制；要强化"双师型"教师队伍建设，完善职业教育教师资格认定制度；在国家教师资格考试中强化专业教学和实践要求，进一步明确今后高职院校教师认定时必须具备双师素质能力。

其次，建立独立的职业院校教师认定分类体系。将高职教师资格认定与普通高校教师资格认定区分开，将实践技能考核纳入高职教师资格认证要求中，将"双师型"教师资格作为准入的先决条件；完善"双师型"教师认证标准制度，针对工科、文科等不同学科，高、中、初等不同级别，制定不同的教师资格准入条件，结合"1+X"证书制度，在工科专业试点推行双师教师认定与职业资格证书挂钩，实行双师聘任制。

再次，改革高职教师资格考试制度。在要求专业课教师获得本科及以上学历的同时，获得相关专业的职业资格证书或职业技能比赛获奖证书也是必不可少的条件，加强职业院校对教师专业技能水平的要求。要根据高职教育的特点招聘高职教师，在笔试和面试阶段设置"双师型"能力考核项目，同时引入职业评价机制，结合专业能力测试、心理测试、简历档案分析、面试等多种方法，更科学、公正地选拔"双师型"教师。

此外，高职教师的授课类型分为基础理论课、专业理论课和职业实践课三种，要根据不同类型的特点对高职教师资格考试内容进行细化，分类考核，避免出现"一刀切"的问题。

最后，确立兼职教师的认定制度。兼职教师在 20 世纪并不多见，不过随着时代发展以及教育制度的改革，兼职教师的数量大大增加。如今，国内许多高职院校都聘请了兼职教师。目前，在职业教育中，兼职教师也扮演着十分重要的角色，要规范教师团队，提高兼职教师的主动性，兼职教师资格考试制度也应该有独立的标准。例如，推动高职院校兼职教师待遇规范化、合理化发展，为他们的薪酬待遇提供坚实保障，同时，为兼职教师群体制定具有激励性的评定制度，促进他们在兼职教育的岗位上充分展现自身的教育教学才华，为高职教育的发展贡献自己的力量。

（四）创新高职教师人才引进机制

大力发展师资培训、强化高职教师准入制度均是强化师资队伍建设的重要环节，而高职教师的人才引进机制同样不容忽视。通过合理的引进环节，能为高职院校输入大量"有生力量"，这些优质的教师能有效促进高职师资队伍不断扩大。需要注意的是，人才引进机制一定要符合高标准、可行性等特点。高职教师人才引进机制需要从以下方面来着手创建：

首先，人才引进需要具备明确的目的性与针对性。人才引进需要成本，而成本则意味着大量的经费，有关部门下发至各学院的经费是有限的，若院校希望引进优秀人才，推进校企合作进一步发展，很可能会在资金层面比较紧张。因此，管理者需要预先进行周密的考察，明确目标，以确保资金使用的效益最大化。总之，一定要在资金有限的前提下，确保能够切切实实引进优秀人才，完成既定目标。

其次，人才引进相关规定、制度要多样化。多数高职院校为综合型院校，校内不同专业、不同领域的教师人才所关注的时事热点也各有不同。人才引进必然需要设定相应的优惠制度、福利、酬金等内容，这就需要学校根据岗位的不同来进行多样化的设定。

最后，人才引进要敢于打破常规。做到不唯学历，同时注重实践成绩、专业能力、学历证书等，以全面的审查作为依据。

此外，人才引进除了校外引进，还可以实行校内引进，即在本校选拔人才。在每所高职院校中，都可能会出现专业技术过硬的人才，这就需要本校教师与管理人员擦亮双眼，在教学与管理过程中对学生细心观察，从中找到实践能力较强、专业能力卓著的优秀人才，将他们作为重点培养对象。

三、大力发展协同育人

高职院校校企合作人才培养的重点在于如何实现校企双方最大化地融合与协作，只有双方互相融入、互相扶持，各自展现自身优势，并且帮助对方扬长避短，才能促使校企合作人才培养活动稳步推进。因此，高职院校必须切实推进校企协同育人模式发展，不能让校企合作仅仅停留在口头或书面上，而是要促进校企协同育人真正落地。

首先，高职院校要在宏观层面调整相关制度。科学合理的教学制度能帮助学校突破制约校企协同能力提升的内部机制障碍，成为院校和企业相互推动的动力源。第一，要对校园内部制度进行适当调整。可通过政策的适度调整，充分释放人力、资金、信息、技术等方面的活力，营造有利于校企协同育人的环境氛围。第二，要与专业方向相似或相近的其他高职院校建立广泛联系，深入交流，在交流过程中学习其他高职院校校企合作相关的制度内容。

其次，高职院校要与市场建立稳定的联系。在校企合作协同育人的过程中，学校与企业必然需要建立一定的联系，并且需要随着合作与协同的深入而不断加深二者之间的联系。只有把握市场的脉搏，了解市场行业，瞄准产业动向，才能明确相关专业的未来发展规划与安排。如果只是单纯地为了校企合作而与个别企业建立联系，却忽视考察市场，缺乏对于市场大环境的分析，那么校企合作协同育人也很难取得预期的效果。

最后，高职院校要给予合作企业在校内建立实训基地的权力。建立实训基地是开展校企合作的重要形式，无论是校内实训还是校外实训，对于受教育学生群体的实践能力都有明显的提升作用。对于学校来说，学校管理者具有是否在校内开设实训基地以及实训基地如何开设的决策权和领导权。为进一步推动高职院校校企合作，加大协同育人贯彻力度，高职院校需要扩大合作，支持企业在校内开办实训基地，以促进校企协同育人模式的发展。

第六章　校企合作实践案例分析

本章主要对校企合作的实践案例进行分析，分别从农业生产类校企合作案例、科技信息类校企合作案例、服务管理类校企合作案例三个方面进行论述。

第一节　农业生产类校企合作案例

一、南阳农业职业学院案例

南阳农业职业学院与牧原食品股份有限公司（以下简称"牧原集团"）等行业龙头企业合作，共建8所产业学院。牧原集团位于河南省南阳市，成立于1992年，主营生猪养殖及销售业务，2021年总资产达到1772亿元，拥有13.5万名员工和300多家子公司。

南阳农业职业学院与牧原集团从1996年开始合作，采用过企业员工招聘、订单培养等合作模式。2017年，双方正式签署校企合作协议，引入现代学徒制培养模式，探索"校企合作、专创一体"的畜牧兽医专业群人才培养新模式。从2019年开始，校企双方通过产业学院的模式进行全面深入的合作。2021年，牧原集团与南阳农业职业学院成功申报河南省第二批产教融合企业，已被列入培育名单。2021年11月，河南省首批职业教育示范性校企合作项目揭晓，南阳农业职业学院与牧原集团联合申报的"产业学院背景下畜牧兽医专业群产教融合育人模式项目"成功入围。

一直以来，双方始终坚持以培养创新型、应用型、高素质复合型人才为主线，在课程开发、师资队伍建设、教材编写、专业建设及实训基地建设等方面硕果累累，真正实现了职业教育与区域经济社会发展相结合，畜牧兽医专业群教学管理经验与牧原实践经验相结合，逐步形成校企合作的"南牧样板"。

（一）校企联动，注重专业建设

2017年，双方正式签署校企合作协议并成立校企合作委员会，通过确定相关制度和章程为校企深度合作提供制度保障。在专业建设方面，成立专家指导委员会，将骨干专业教师和行业企业专家引入委员会，在相关企业开展实地调研，获取有关人才需求的真实信息，与毕业生直接对话，听取意见建议，创新校企合作、工学结合育人机制，构建"校企合作、专创一体"的人才培养模式。校企双方联合制订《畜牧兽医专业创新型、专业型人才培养方案》，在专业教学的过程中融入牧原生产新技术、新工艺、新知识；将现代学徒制引入实践阶段，企业指定优秀员工一对一带领学生，帮助学生解决在实践中遇到的岗位技术问题和管理问题，提高就业创业能力。2019年起以产业学院模式展开合作，2020年由政府牵头，政校企三方签署《联合举办"牧原产业学院"框架协议》，旨在将教育链、人才链与产业链、创新链有机衔接，实现资源共享、产教融合，推动区域经济快速发展。

（二）行动导向，构建专创课程体系

依托产业学院，从培养学生创新创业能力出发，按照行业企业调研—确定职业岗位—分析岗位能力—导出行动领域—确定课程内容的基本思路，构建专创一体的课程体系；同时，对15门专业课程进行专创融合改造，教师技师双向流动，实施校企"双主体"育人模式。此外，将公司的优秀技术人员纳入兼职教师队伍中参与日常教学活动，对学生进行现场教学，教师技师双向流动，实施校企"双主体"育人模式。

（三）岗位联通，加强新型教材建设

学校与牧原集团技术人员及专家合作，编写特色教材，帮助学生了解典型岗位工作过程，提高学生岗位能力。其中，学校教材以理论知识为主，企业活页式教材及立体化教材以实践训练为主。目前由本专业教师主编、副主编的教材14部，其中校企共编9部，已正式出版7部。

（四）身份互换，联合培养师资团队

由学校教师、企业优秀技术人员共同组成教学团队，派出学校的优秀教师进入企业，提高教师的专业技术能力，聘任企业优秀技术人员作为兼职教师，定期进行教学方法、职业规范、职业理论等的培训。建设"双师型"队伍，提升教师

实践教学能力和水平，造就一批"接地气的教授"和"登讲台的技术员"。

（五）学做合一，共建实训基地

对学校原有的实训室和校内实训基地进行优化提升，同时，与企业共同建立具有教学、科研、生产实训功能的实训基地。学校与企业联手，共同申报省级生产性实训基地，为学生的生产实践提供优质环境，从而提高学生的综合能力，更好地衔接人才培养与就业。

（六）互利共赢，合作成效显著

在双方的共同努力下，校企合作出现互利共赢的局面。南阳农业职业学院与牧原集团共建省级生产性实训基地和校企合作实训基地，共建河南省生物工程技术研究中心南阳分中心。进行校企合作以来，已有450余名毕业生作为高素质创新型人才进入牧原集团，在经过一段时间的工作实践后，其中有超过150人升为段长、场长，成为牧原集团发展不可或缺的力量。2021年，牧原集团与南阳农业职业学院成功申报河南省第二批产教融合企业、河南省职业教育示范校企合作项目。

二、苏州农业职业技术学院案例

苏州农业职业技术学院是一所经江苏省人民政府批准、中华人民共和国教育部备案的全日制普通高等学校。近年来，该院大胆创新高技能人才培养模式，积极探索校企合作共育、共享高技能人才之路，取得了显著的成效。

（一）人才培养对接企业需求

2010年，苏州农业职业技术学院联合国内外知名高校、苏州泰事达检测技术有限公司，在校内共同成立了江苏省首家农产品安全控制协同创新中心，共享高校优质资源，引进企业现代化设备和高水平技术人才，共同作为第三方食品安全快速检测机构，目前为200余家食品企业提供24小时快速检测服务。

2017年，苏州农业职业技术学院成立设施农业与装备专业，之后与苏州博田自动化有限公司、久保田农业机械（苏州）有限公司合作共同建立了企业冠名班，进入冠名班的学生在入学后就可以到冠名企业参观学习，旨在让学生真正了解未来工作岗位在能力上的要求，让学生体会入学即入岗的感觉，提高在校期间学生学习的主动性，减轻学生的就业压力。学生还可以参与企业的技能大赛、团建、讲座等活动，这些举措有利于增强学生的归属感。

苏州农业职业技术学院秉承"励志耕耘，树木树人"的校训，坚持"立足苏南，服务'三农'，紧扣特色，争创一流"的办学思路，学院致力于打造五张名片："江南农耕文化弘扬者、园艺职业教育开拓者、苏州园林技艺传承者、智慧农业建设领跑者、国际职业农民培育和输出探路者"。学校进行科研创新和人才培养，主要围绕提供农产品安全检测方面的核心数据，掌握农产品安全方面的关键技术，制定农产品质量检测的行业标准三个方面。苏州农业职业技术学院是苏南地区唯一一所农业类院校，学校着眼于农业现代化发展，为"三农"和经济发展提供服务，通过改革体制机制、创新人才培养模式，不断加大校企合作的深度，促进产教融合。

协同创新中心采用"1+1+1"的人才培养模式。所谓"1+1+1"是指，第一学年，学生主要在学校完成基础课程的学习；第二学年，学生进入协同创新中心，由学校教师和企业工程师共同培养，完成定向"岗上锻炼"；第三学年，学生以员工的标准进入企业开始实习工作。这种模式充分锻炼了学生的实践能力，加深了学生对企业岗位的了解，让学生在学校时就能掌握企业岗位的工作技能。

（二）有效科研推进区域转型

除了人才培养更"接地气"，苏州农业职业技术学院在进行科研时坚持以行业企业需求为导向，从社会上存在的实际问题着手，研究食品安全控制方法，旨在让科研能够真正服务社会。

从外观上看，苏州市吴中区临湖镇的绿色富硒水稻与普通水稻并无差异，但富硒水稻的价格是普通水稻价格的4～5倍，并且供不应求。富硒稻谷的每一个生长阶段，对除草除虫都很有讲究，需要种植专家对其生长环境进行核准，还要对水质、土质及大气环境进行实时监测，选择合适的时机注入硒元素，并对效果进行检测。因此，苏州农业职业技术学院与苏州泰事达检测技术有限公司协同合作，学校派出相关专业的教授和专家，企业派出经验丰富的工程师并提供检测设备，齐心协力保障项目如期完成。与此同时，学校还与地方企业联合研发了多种富硒产品，如富硒葡萄、富硒黄桃、富硒鹅等，并且全部实现产业化，真正做到了科研成果落地生根。

通过校企合作联盟、协同创新中心等深度合作平台的建立，学校可以真正实现人才培养和教学科研统筹推进，为农业转型升级提供更多高素质新型农业人才资源。

在农业现代化进程中，苏州农业职业技术学院致力于推动现代化建设进程、加快区域转型升级，坚持自省，积极进行体制机制创新。2012年，苏州农业职业技术学院与江苏省内百余家农业相关单位合作，成立江苏现代农业校企（园区）合作联盟，目前共建立6个"校中企"和13个"企中校"。该校坚持"专业链对接产业链"原则，主动对接苏州区域经济发展、江苏省现代农业和战略性新兴产业，2020年新增跨境电子商务、药品生产技术、食品药品监督管理等新专业。此外，苏州农业职业技术学院在农村电商人才培养过程中确立了为乡村振兴培养生力军的目标导向，对电商专业及其课程进行改造创新，使其更加符合数字经济与乡村产业发展，通过构建目标体系、教学体系、实践体系，创建"引企入校""引产入训""引商入课""引证入练"的一体化"农业＋商业融合"人才培养模式，培养"爱农业、有文化、善经营、会管理、懂技术、能创新"的农村电商人才，为推动乡村振兴不断输出新的生力军。

在与国内知名企业合作的同时，苏州农业职业技术学院园艺科技学院还主动与国际化企业进行合作。2024年是该学院与荷兰朗蒂斯教育集团合作的第七年，七年间，学院与该集团的两个校区开展了课程合作，涵盖植物观赏、园林设计、园艺设施等内容。对该课程的学习为期六个月，可以分为两个阶段：前三个月，由荷兰朗蒂斯教育集团的教师来国内进行教学；后三个月，学生要进入荷兰朗蒂斯教育集团下属的两个校区分别进行学习。

三、福建农业职业技术学院乡村旅游产业学院案例

乡村振兴战略的提出对农业类职业教育来说既是机遇也是挑战。一方面，实施乡村振兴战略为农业类职业教育的发展提供了更广阔的空间，同时为农业类职业教育创造了更多的社会需求；另一方面，实施乡村振兴战略对农业类职业教育的质量提出了更高要求，农业类职业教育改革的任务更加艰巨。发挥农业类高职院校在区域特色现代农业发展中的关键作用是实现乡村振兴战略目标的关键一环。福建农业职业技术学院（以下简称"福农"）与企业合作，共同建立了农业产业学院，目的是解决乡村振兴过程中的突出痛点问题，为区域特色现代农业发展提供人才支撑。

（一）校企合作背景下福农人才培养的主要做法

1. 校企共建"农业产业园区"和"产业学院"

福农与福建省相思岭旅游开发有限公司等企业合作，将相思岭农业产业园区作为载体，共同创建了乡村旅游产业学院。该学院已获批成为福建省省级产业学

院。学院将乡村旅游作为主导产业，同时将休闲娱乐、文化创意、生态农业等作为辅助，形成了一个集教育、科研、生产、服务于一体的综合性平台。学生可以从该平台获得大量的实践教学资源和就业创业机会，同时该平台也在人才、技术、资金等方面为乡村旅游产业的发展提供支持。

校企共建"农业产业园区"和"产业学院"的做法，有效地解决了传统的人才培养目标与乡村振兴需求错位脱节的问题。校企通过共建"农业产业园区"和"产业学院"的方式，将人才培养目标转化为以企业为中心，以产业为依托，以市场为导向，使人才培养目标能够契合乡村振兴的需求。同时，校企通过共建"农业产业园区"和"产业学院"的方式，可以平衡人才供需，提高人才培养质量，促进人才留用。

2. 推行"1+N·三共"人才培育

产业学院的"1+N·三共"人才培育模式的调研、探索与实施主要基于两个方面：第一，社会资本与社会资源随着社会文明的不断发展越来越向小范围聚集，急需为中低阶层的人才搭建有发展潜力和政策支持的创新创业平台。第二，国家搭建的服务乡村振兴的乡村旅游平台需要大量的优秀人才进入乡下完成乡村旅游平台商业模式的建设。因此，校企合作构建"1+N·三共"人才培育模式通过共享、共创、共赢，可以解决乡村人才振兴痛点问题（图6-1-1）。

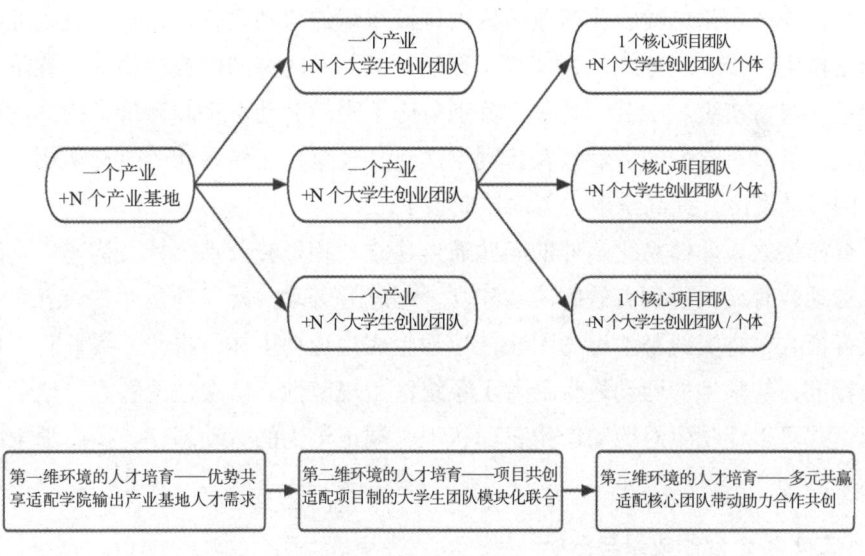

图6-1-1 适配多维度环境的"1+N·三共"人才培育模式

过去乡村振兴人才"下不去""留不住"的问题通过"1+N·三共"人才培育

模式得到了有效解决。在"1+N·三共"人才培育模式中，企业起主导作用，学生是教育的主体，人才培养的目的是实现就业创业，这样的人才培养模式满足了学生的个性化需求，对于学生的职业发展做出了清晰的规划。这样的模式可以让学生充分认识农业和农村，激发学生对农业和农村的兴趣，培养学生对农业和农村的责任。

3. 打造"田间课堂"

田间课堂是指在田间地头进行教学活动，让农民成为导师指导学生，让学生进行实际操作，用实践成果进行评价的教学模式。该模式有利于培养学生"一懂两爱"的素养，即懂得农业技术知识和管理方法，爱好农村生活和工作，爱护农村环境和资源。"一懂两爱"素养的培育，可以提高学生的实践创新能力，增强学生的职业认同感和责任感。

通过打造"田间课堂"、培育"一懂两爱"新型职业农民，田间地头成为教学活动的场所，实际操作成为教学活动的内容，农民成为教学活动的导师，实践成果成为教学活动的评价标准。这种教学模式丰富了学生在农业方面的实践经验，让学生对农民的实际需求有了充分了解，促进了学生对乡村实际问题的思考。

4. 建立"相思岭劳动公社"

"相思岭劳动公社"是福农建立的一个学生组织，其主要活动内容是进行劳动教育，地址在相思岭农业产业园区内。该组织的劳动教育模式是"三线五阶"，三线是指生产线、服务线、管理线，分别对应不同的劳动内容和要求；五阶是指入社、见习、初级、中级、高级，分别对应不同的劳动水平和评价。构建这种教育模式，可以对学生的劳动教育起到层次化、规范化、体系化的改造作用，端正学生的劳动态度，提高学生的劳动技能水平。

乡村振兴人才体系化培养的问题通过建立"相思岭劳动公社"构建"三线五阶"劳动教育模式得到有效解决。建立"相思岭劳动公社"构建"三线五阶"劳动教育模式，将实践基地设为园区，让学生成为劳动主体，将"三线五阶"作为评价标准，使学生的劳动教育具备了系统性、规范性、层次性的特点。这种劳动教育模式可以让学生对劳动产生正确认识，端正学生的劳动态度，提高学生的劳动能力。

（二）校企合作成果与分析

通过实施校企合作，建立产教融合的模式，产业园区与乡村旅游产业学院取得了丰富的建设成果，培养出符合乡村振兴需要的高素质人才。这些合作让学生在学校期间就可以进行大量的社会实践，增强了学生的创新能力和就业竞争力。据统计，自 2018 年以来，在相思岭农业产业园区进行实习实训的福农学生有近 2000 名，其中在园区内实现就业创业的学生有近 300 名。通过在园区内进行实习实训，学生可以对相关农业技术和管理知识进行系统性的学习和实践操作，培养创新创业意识，提高创新创业能力。通过就业创业，学生在为自己的未来发展创造机会的同时，也为区域乡村旅游产业发展做出了贡献。

在与企业合作的过程中，乡村旅游产业学院开发了诸如田园风光、农家乐、乡村体验游等一系列特色旅游项目。这些项目为学生提供了丰富的实践平台，有助于培养学生的创新创业能力。田园风光、农家乐、乡村体验游等一系列特色旅游项目吸引了大量各地游客前来参观，带动了乡村旅游产业的发展，拉动了经济增长。同时，这些项目也为学生提供了实践平台。学生可以通过参与项目的设计、策划、运营等环节，提高自己的创新创业能力。有能力自主创业的学生，可以利用项目的优质资源开办农产品加工、农业体验、农家乐等项目，带动乡村旅游产业的发展。

为了达成提高学生理论素养和实践能力的目标，乡村旅游产业学院采取了实习实训、课堂讲座、实地考察等多样的实践教育方式和教学方法。在一系列的学习中，学生可以真正学习到有关农业技术方面的知识，从而提高自己的实践操作能力和创新创业能力。

将理论与实践相结合是乡村旅游产业学院的教学特点，通过课堂讲座，传授相关的农业技术知识和管理理论；通过实地考察，学生可以进入当地优秀农业企业和示范基地进行学习参观，对企业的经营模式和发展历程进行深入了解；通过实习实训，学生可以进入相思岭农业产业园区进行销售、加工、采摘、种植、养殖等农业生产服务活动。课堂上的学习可以帮助学生提高农业相关的理论素养；实地考察和实训可以帮助学生提高与农业相关的实践能力，让学生可以在学习过程中丰富农业技术知识，提高实践操作能力和创新创业能力，为乡村振兴做出贡献。

福农乡村旅游产业学院在实施多样化的实践教育方式和教学方法的同时，积极开展各种创新创业项目，通过让学生参与创业培训、创新创业大赛等活动，激发他们的创新创业潜能。在这些活动中，学生可以积累大量的实践经验，并且获得丰富的创业资源，一些优秀的项目还有机会得到社会的关注和认可，如"相思岭茶叶加工""相思岭蔬菜配送""相思岭农家乐"等。这些项目在为学生自身带来收益的同时，也带动了乡村旅游产业的发展。

第二节　科技信息类校企合作案例

一、襄阳职业技术学院案例

将"企"与"校"、"产"与"教"、"践"与"学"相融合是"校企合作、产教融合"人才培养模式的目标,"双主体""跨界""动态适应"是这一模式的特点。产教融合要求教育与产业相结合,在职业教育中体现产业需求,在教学过程中体现实际工作的问题和场景。产教融合以学校和企业为共同主体,需要双方共同努力。高职院校深入分析企业需求,使高职教育更好地满足实际工作需求,培养学生符合市场需求的知识和技能。

国务院办公厅2017年发布的《关于深化产教融合的若干意见》中明确提出,要加速建设现代化职业教育体系,深入推动产业发展与教育的融合,并培育大量高素质技术技能人才。2022年,我国重新审定并实施《中华人民共和国职业教育法》,这是该法时隔26年第一次修订,第一次把职业教育和普通教育放在同等重要地位。职业教育正在步入提质培优、增值赋能的高质量发展新阶段,提质培优、增值赋能是这一阶段的特点,对职业教育发展提出了更高要求。要促进教育与产业融合发展,离不开产教融合、校企深度合作、双向赋能。在这一时代背景下,襄阳职业技术学院(以下简称"襄职")根据自身的特点,积极向应用型转变,积极探索校企双向赋能、产教互融共生的校企合作模式。

(一)四方联动,共建平台,激活校企办学新动能

政校企行四方合作,共同建立了产业学院育人平台、产教联盟共享平台和合作政策支持平台。为使校企合作达到更好效果,深化职业院校和行业企业的合作,推动地区职业教育发展,襄职组建了湖北汽车工程职教集团、湖北现代畜牧业职教集团、全国特殊教育职教集团等。与此同时,襄职通过组建"行业校企合作委员会""行业共同体""专业合作建设委员会""合作办学理事会""市域产教联合体",充分发挥自身优势,推动"双高建设"平稳运行,保障提质培优工作顺利开展,积极与地方支柱产业合作,推动专业群发展。政校企行四方合作,全面推动高职院校与襄阳所辖3县、3市、6区合作办学,实现校地合作区域全覆盖。紧跟区域产业发展步伐,校地(企)共建多个产业学院、4个教学医院,在乡村医生、全科教师、机电一体化、汽车检测与维修、物联网应用技术、工业机

器人、药学、畜牧兽医、建筑装饰技术等 20 多个专业 97 个班级联合开展订单班，每年定向为企业输送学生近 4000 人，实现人才供给与支柱产业人才需求无缝对接。

（二）双向赋能，推进混改，探索校企办学新途径

2013 年，襄职开始与北京海天恒基装饰有限公司进行合作。在校企合作过程中，企业从过去的只是录用毕业生，到现在的实际参与人才培养，从一个专业到建筑装饰工程技术专业群，学校和企业从各自分工到合作共赢，解决了人才培养供给不符合产业实际需求的问题。校企双向赋能，将校企一体化育人作为主线，校企双方深入交流，共同开拓新途径，搭建现代学徒制大数据管理平台、创新"线上线下、工学融通"的企业化课程体系、建立现代学徒制育人模式（图 6-2-1），实现产教融合互融共生。2022 年，襄职实施混合所有制改革，并取得一定成效，开辟了"校企混编、专兼结合"的办学新途径。其中，"柔性互进，全程融通——学校校企一体化育人模式改革案例"成功入选教育部 2021 年产教融合校企合作典型案例。在职业院校技能大赛中，学生取得了优异成绩，在湖北省高职院校建筑类专业中位于前列。

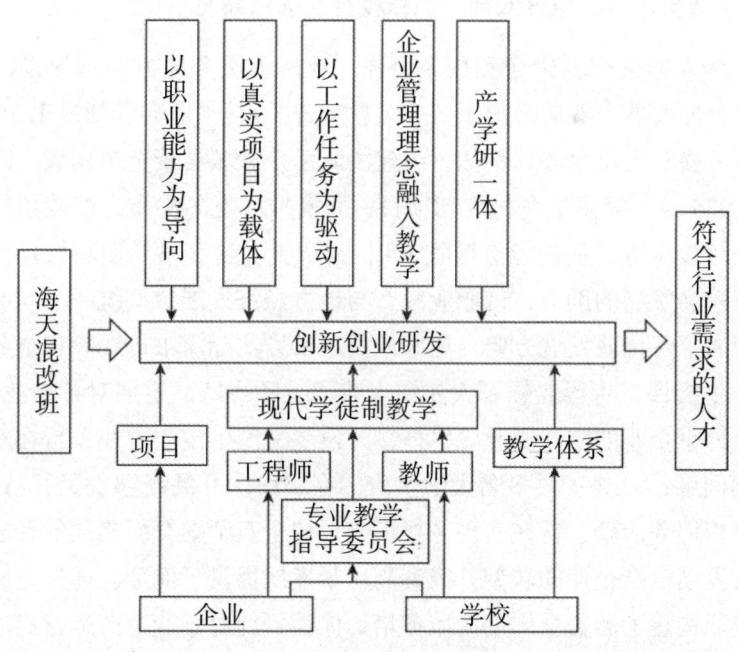

图 6-2-1　现代学徒制育人模式

（三）动态调整，多维对标，提升人才培养新能级

为响应"十四五"发展规划要求，更好地服务地方经济社会发展，秉持"做中学、做中教"的职教理念，襄职构建了"对接产业设专业，适应需求调专业，服务发展建专业"的动态调整机制，增设了网络营销与直播电商、大数据技术、智能控制技术、人工智能技术应用、轨道交通工程机械制造与维护等多个新兴专业，取消了12个落后专业，有50多个专业覆盖襄阳地区主导产业。校企双向发力，双主体育人，在多个方面进行对标，努力实现"九对接"：育人和用人对接，专业和产业对接，课程和岗位对接，教材和应用对接，课堂和车间对接，教师与师傅对接，教学与实践对接，学历与资质对接，行为规范和职业道德对接。学校与企业形成"命运共同体"，共同培养人才，努力让人才培养供给更符合市场实际需求，积极吸纳各主体参与产学研一体化发展，努力形成一支有行业导师、产业教授、企业督学的"双导师"队伍，使校企合作的影响力进一步扩大。与此同时，襄职加大课程改革力度，将满足工作岗位需求作为课改目标，将技能竞赛要求、行业认证纳入教学评价体系，构建了"课程、岗位，教师、技师，教室、车间"的一体化育人体系，开辟了协同育人新途径。

（四）服务地方，培养双师，创新校企互融新局面

为了深入推进产教融合和校企合作，更好地服务地方经济建设，努力实现乡村振兴全面发展，襄职推出了"千名教师进千村""千名教师进千企"等工程，积极为"三农"提供服务。例如，组建团队承接谷城县紫金镇镇域空间布局规划（2020—2035年）等多个乡村规划项目，研发推广麦冬优质高产栽培技术、山药无公害栽培技术等，促进经济增收1.4亿元以上。这些举措使高校真正成为推动地方经济社会发展的助力，使职业教育与地方经济发展协调统一。与此同时，为使学生深入了解行业发展方向，更好地满足市场实际需求，襄职将企业专家引入学校为学生授课，将行业领军人才纳入兼职教师团队，定期对各专业进行考核，在课堂上分享企业的实践经验。另外，开设乡村医生定向专业，旨在解决乡村医生短缺的问题；设立一村多名大学生班，在农民中开展新型农民、新型农场主、养殖大户培训等活动，旨在实现乡村振兴。校企双师融合新格局的形成，为学校的内涵式发展以及企业的转型升级和高质量发展提供了保障。通过政校企行四方合作，襄职构建了涵盖全周期的服务培训体系，针对企业生产运营难的问题，根

据企业的实际需求，提供个性化服务，向中小型企业提供精准的培训方案；与专家院士团队合作，共推"地方接续主导产业发展战略研究"，服务企业技术能级提质增效。同时，学校与企业共同搭建技术技能创新服务平台，共同研究新工艺、开发新技术、推出新产品，深入研究产业的核心技术，增强教师的科研能力，加快推进企业转型升级；深化企业技术创新，助推民营企业生产效率提速增量。这些举措可以为地方经济建设和社会发展提供支持，可以培养出更多高素质技术技能人才。

（五）成果

通过实施"校企双向赋能、产教互融共生"的合作模式，襄职收获了许多成果：积极走出校园，进入企业实地考察研究，积极与行业领先企业交流沟通，达成合作；在体制机制方面不断优化创新，在校企深度合作的基础上，开发各种项目；校企共建比亚迪学院、正大农牧食品产业学院、先进制造产业学院等多个产业学院；学校被东风公司、正大集团、航天42所等行业龙头企业列为定点招聘学校，从2019年起，连续5年毕业生年终平均就业率达到98%；学校构建了市（校）、省、国家三级产教融合型企业培育建设体系，其中，合作的省级及以上产教融合型企业36家，紧密合作型企业440家（包括世界500强企业20家，行业龙头企业46家，规上企业230家）。襄职与企业之间的合作已经进入深入整合的阶段，实现了"共同发展、共享资源、共育人才、同步发展、共享成果、共担责任"的目标。

二、淄博信息工程学校案例

随着互联网＋时代的到来，企业对电子商务人才的需求与日俱增。为培养更多具有专业实践能力的学生，淄博信息工程学校尝试过用真实的电商平台来实训教学，如开淘宝C店。

淄博信息工程学校以电子商务活动体验为基础，以校企合作项目为媒介，围绕课程体系改革和人才培养模式的总体思路，探索各岗位人才技能需求及能力培养的方法，密切结合企业岗位设置和企业岗位技能的需求，有效整合各类教学资源打造立体化电子商务实践平台，解决专业教学模拟和商务实践的问题，助力学生通过校企衔接。

（一）校企合作，构建电子商务实践平台——目标

1. 创新人才培养模式

淄博信息工程学校通过立体化实践平台，创新电商专业人才培养模式，以校企合作项目为载体探索搭建电商实践平台，实现"教、学、做"一体化，培养学生形成良好的职业素养，增强学生的岗位技能。学校校园电商活动、PC端实训与移动端实训互补、O2O线上线下相结合等组合方式，使学生的电商运营实战能力得到全面提高，通过多元立体发展，培养符合当前企业需求的电商人才。

2. 提升学生专业技能

为了提高学生在电商运营过程中的美工、文案策划、营销设计等能力，淄博信息工程学校对学生进行项目任务式实训，将任务描述、任务指导、任务步骤、任务拓展和任务评价融入任务的各个环节；对学生进行网上开店、商品采编、营销策划、前沿电商模拟实训，让学生深入了解电商运营的全过程，以日用百货、美食特产、办公用品、化妆品和陶瓷工艺品等为案例，让学生完成商品详情页制作和营销策划等任务，从而掌握电商运营技能；通过让学生了解电商运营工作流程，使其清楚自己的岗位在流程中的位置，有利于团队合作精神的培养。

3. 服务区域经济

（1）促进区域内电商专业交流和发展

淄博信息工程学校在牵头开发山东省中等职业学校电子商务专业教学指导方案的基础上，基于学校电商专业实践平台和丰富的教学资源，承办了电商专业研讨会、实训展示等活动，以促进地区电商专业的交流和发展，提升学校电商专业的区域辐射力和影响力。

（2）依托当地特色承接电商外包项目

淄博信息工程学校结合当地经济优势，精选适合学生的特色实训项目，利用校内O2O电商创业实践基地承接企业的相关服务项目，比如商品拍照、图片处理、网店建设与代运营等，为学生日后进入企业走向工作岗位做好铺垫。

（二）校企合作，构建电子商务实践平台——创新

1. 依托行业企业，完善培养模式

建设初期，淄博信息工程学校成立电子商务专业建设指导委员会，让行业企业专家参与指导专业建设，同时派遣专业教师远赴杭州、上海、广州、深圳等电商发达的前沿城市，深入企业行业协会、中高职学校实地考察调研60多家单位，

完成了人才培养模式和课程体系改革的调研工作。学校以工学结合为切入点，先后与济南韩都衣舍、山东开创淄博百度分公司、上海商派网络有限公司、厦门优优汇联信息技术有限公司等企业深度合作，进行人才培养模式改革。

2. 基于工作过程，构建理实一体化课程体系

通过对调研结果的汇总分析和社会需求精准定位专业人才培养目标，学校按照典型工作任务重组课程和教学内容，创新"体验式实践"教学模式，与企业合作开发基于工作过程的理实一体化课程体系。

3. 引入企业资源，搭建实践平台

为解决专业教学模拟和商务实践的问题，学校与厦门优优汇联联合开发"C2C网上商城"和"品录移动商城"实践平台，合作开发"C2C网店运营"实践课程，同时与上海商派校企合作建设"电子商务综合实训"精品课程，有效整合各种教学资源，将多媒体、网络技术与教学资源相结合，搭建立体化实践平台。

（1）C2C网上商城建设

学校与厦门优优汇联联合开发"C2C网上商城"平台，通过让学生运营管理能实现真实交易的网络店铺，培养学生的网店搭建、店铺装修、网店推广与营销、网店运营管理等技能。

（2）移动商城建设

针对当前移动电商的迅速发展，学校让学生应用品录移动商城App，完成手机店铺的构建、装修、营销推广、运营管理、客服处理、支付交易。在实践中，学生可以经营合作企业提供的真实品牌商品，配合线下活动以及线上线下整合营销实践教学，从而在在校期间就能具备手机店铺的运营经验，为自身将来的就业创业打下良好基础。

（3）校园O2O电商创业实践基地建设

为提高学生就业竞争力和创业能力，学校建设了校园O2O电商创业实践基地，包括商品实体店、校园物流中心、摄影工作室等4个功能区。其通过商品实体店铺运营锻炼了学生陈列、导购、运营、营销、财会等岗位技能；通过物流中心的工作锻炼了学生快递收发、仓储管理等岗位技能；利用摄影工作室锻炼了学生商品拍摄、图片处理等岗位技能。

（4）品牌商资源入校

在实践运营中，学校成为品牌商的电商销售渠道、品牌宣传渠道和人才供给渠道。目前与学校合作的企业有特步、乔丹、七匹狼等20多个国内知名品牌供

货商，他们为学校师生提供电商实践的真实货源、数据包、一件代发服务、电商运营指导、企业文化课程等，通过多方互利共赢的合作方式，让发展更为长远、稳定。

（5）企业电商运营指导入校

学校与企业签订了专业师资团队建设校企合作协议，让专业教师参加企业真实的电商运营项目，根据各个教师所担任的教学内容及擅长方向分工协作进行企业真实项目的运营。企业安排两名项目负责人全程参与电商项目的运营指导和培训学校专业教师在店铺建设、后台数据分析、营销推广、客服询盘、物流发货跟踪、退换货处理等环节进行实践。通过这种方式，学校打造了一支实践经验丰富的专业教师团队，全面提升电商专业师生专业技能水平；同时组织学生进驻企业实地参观学习，通过参观、讲座、座谈、体验等形式，深入了解电商企业管理制度、工作流程和企业文化。

4.开发课程资源，建设立体化教学资源库

在实践教学中，专业教师根据企业岗位设置和运营项目，设计教学情境和学习任务，以职业岗位技能培养为主要目标，开发了"电子商务基础与实践""网络营销""客户服务实务""商品拍摄与处理""网店美工实训""电子商务实训"6门专业课程；制定与企业岗位标准接轨的课程标准、教案、课件、考核标准、题库、案例集等教学资源；7名教师两次到商派公司进行专业培训课程开发研讨；9名教师参与并完成《电子商务实训》《网店美工实训》《电商文案策划》三本校本教材的编写，由上海交通大学出版社出版发行；通过参加全国电子商务数字化资源共建共享，与企业联合开发以及教师自主开发教学资源等多种方式，打造立体化电子商务实训精品课程，建设立体化实训教学资源库。

5.设计体验活动，检测实践教学效果

学校师生借助校园O2O电商创业实践基地和移动商城实践平台品牌商货源与电商运营指导在校内开展各种电商活动，结合学校迎新会、运动会、大型招聘会等契机开展电商线上线下促销活动，通过设计这些体验活动检测实践教学的效果。

（三）校企合作，构建电子商务实践平台——保障

1.制度保障

学校对于专业建设高度重视，成立专业建设项目领导小组、专业建设专家指

导委员会、专业建设项目小组；出台一系列政策文件，在全校推行人才培养模式和课程体系改革；对学生项目团队在"校园O2O电商创业实践基地"所开展的线上线下相关活动给予支持协调，从制度上保障学生实训实践的顺利开展。

2. 师资保障

学校大力支持教师到企业实践，参加企业的真实项目，先后派教师到义乌、上海、深圳等地参加专业技能培训，聘请专家到校指导，组织专业教师参加网络营销师培训等，大幅度提升了整个专业教师团队的"双师"素质。两年内有9名教师参与出版3本校本教材，6名教师在学术刊物上发表论文；周光平出版2本专著，10名教师获得网络营销师证书；2名教师获得电子商务师证书。

3. 校企合作三方保障

合作企业提供电商实践教学中的众多外部资源，如货源、一件代发服务、样品展示、电商运营指导、基地运营指导、活动营销指导、邮局运营指导等。

4. 实训软硬件设备保障

电子商务专业利用示范校建设两周年的契机改建并充实校内实训室，为原有摄影棚新购置25台单反相机和25台数码相机；为实训机房更新高配置电脑；购置新设备充实校园呼叫平台实训基地；新建了包括商品实体店铺、摄影棚、电商项目团队办公区、校园物流小邮局、仓库区等在内的校园O2O电商创业实践基地。同时，购置天行健君、德意通上海商派ECSTORE系统软件，为学生实践提供了先进的软硬件条件。

（四）校企合作，构建电子商务实践平台——育人

1. 提升学生专业技能

2022年，学校电子商务团队获得淄博市"中银杯"第十三届技能大赛电子商务运营技能项目的一等奖第一名。同时，2022年，学校电子商务专业被认定为首批淄博市现代产业学院。

多年来，学校全面贯彻落实《国家职业教育改革实施方案》，精准对接山东省新旧动能转换综合试验区战略，立足"十四五"电商行业规划，聚焦电商专业特色发展和"1+X"证书制度试点，汇集政府、校企力量，强化师资团队教师综合素质和能力提升，到建设期满，依托"两平台、三维度、四阶段，多元立体发展"电商专业人才培养模式和以"德能相济，知行合一"为目标的校企共育人才培养模式，高标准、高水平实施教育教学和培训，切实建成了一支结构合理、特长互

补、水平领先的教学团队，为电子商务领域培养输送了大批复合型技术技能人才，形成示范引领和具有辐射作用的"淄信模式"。近五年来，学校电子商务专业多次承担省市课题项目，发表多篇学术论文、著作，获得省市多项表彰。

2. 提高学生就业质量

学生创业团队在学校和企业的支持下，开展电商创业活动。在实际运营中，学生的美工、运营、营销、客服等技能得到提高；表达、沟通、执行、服务等社会能力得到锻炼；团队内部协调与管理、市场商机与风险把控、项目运营管理等运营管理能力得到培养。毕业后，学生在用人单位工作表现良好，学生就业率达到98%。

3. 探索职业教育教学创新模式

学校电子商务专业以真实的电商项目来带动专业人才培养。线上网店含PC端的C2C和移动端的手机商城；线下含商品实体店、物流服务中心、摄影工作室、项目团队工作室；多位一体、立体多元打造电商技能人才，为职业教育教学模式创新进行了有益的探索。

4. 扩大区域示范与辐射

学校作为淄博市电子商务项目技能大赛的比赛和集训基地，连续承办了多届淄博市电子商务技能大赛的比赛和集训工作。几年来，学校接待安徽合肥金融学校、山东电子职业学院、烟台信息工程学校、山东女子学院、济南大学、高青职业中专、滨州市高级技工学校等多所学校电商专业的领导、教师到校参观交流。学校还牵头编写了山东省中等职业学校电子商务专业教学指导方案，于2014年8月由高教出版社出版。

（五）校企合作，构建电子商务实践平台——共赢

1. 培养实践技能型人才，实现校企人才对接

通过在真实的电商平台完成真实的电商项目，学生的实践动手能力和岗位操作技能水平都得到了提升，在校期间便可积累一年的电商工作经验。电商项目实践使学生的社交能力和团队协作能力都得到了提升，有利于其成为更符合市场实际需求、有丰富专业技能经验的高素质人才。

2. 多方互利共赢，确保校企合作的持续性

在实践中，企业的产品得到更好的推广，学生得到更好的实践机会，众多品牌商也有意向参与校企合作，为学校的电商专业建设提供资源。这样的多方互利共赢也让合作更为持久和稳定。

3. 职业学校服务社会

通过项目实践平台的实训，该校打造了一支专业技能过硬的师生专业团队，提升了社会竞争力，能承接电子商务的相关社会服务项目，使学校的电商专业能更充分地体现服务社会的职能。

三、杭州职业技术学院案例

杭州职业技术学院系杭州市人民政府主办的全日制高职院校，其前身是由杭州市经委系统所属的杭州机械职工大学、杭州化工职工大学、杭州纺织职工大学、杭州丝绸职工大学、杭州轻工职工大学、西湖电子职工大学六所学校合并而成的杭州职工大学。该校是首批全国教育信息化试点单位、国家职业院校文化素质教育基地建设单位、国家非物质文化遗产职业教育专业委员会首批入会委员单位、教育部"技能非洲计划"与"中非应用型人才联合培养项目"首批试点院校。

（一）安恒信息安全学院校企合作案例

杭州安恒信息技术股份有限公司是一家网络与信息安全产品和服务提供商，主营业务涵盖应用安全、数据库安全以及云计算安全、工业互联网安全、大数据安全、智慧城市安全等领域。同时，它也是全球网络安全500强企业，曾先后为北京奥运会、国庆六十周年庆典、上海世博会、广州亚运会、G20杭州峰会、厦门金砖峰会等众多活动提供网络信息安全保障。

1. 参与办学

2016年4月，杭州职业技术学院信息安全与管理专业与杭州安恒信息技术有限公司合作成立"专企融合"的三级学院——安恒信息安全学院，通过一专业（信息安全与管理专业）与一企业（安恒信息）在课程共建、师资共育、基地共享、技术共研等方面的深度融合，用企业真实项目引领教学，培养信息安全领域的专业人才。院务委员会作为三级学院的日常运行与管理机构，每年定期召开院务委员会会议，协商学院的各项工作。院务委员会成员由校企双方共同构成，其中企业占多数，体现出企业主体、学校主导的特点，最大程度地保障了企业的利益。

2. 合作成效

（1）产教融合协同发展

2019年11月，学校与安恒信息牵头，联合政府、行业协会、知名企业、职业院校共建浙江省信息安全产教融合联盟，制定联盟章程，确定联盟组织机构设置，组建信息安全产教融合联盟理事会，对接政府部门，整合行业企业资源，探索四方协同育人机制，促进职业院校、行业企业间的协同合作，深化产教融合，实现资源共享、优势互补、合作共赢，加快提升信息安全类技术技能人才培养质量和水平。

（2）校企合作机制创新

校企共建"专企融合"的三级学院（图6-2-2），推进协同育人机制改革，实施院务委员会领导下的三级学院管理模式，建立专业与企业间的人员对接制度，通过专业负责人与企业项目经理、专业教师与企业师傅、专业课程组与企业项目部的精准对接，在课程建设、实训基地建设、师资培养、技术服务等方面，夯实协同育人基础。

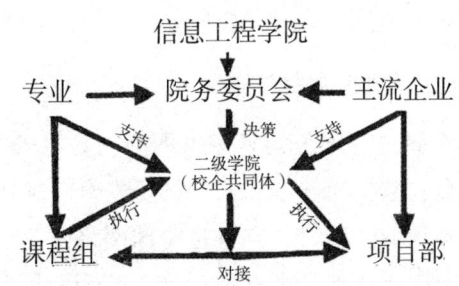

执行二级学院理事会领导下的三级学院管理模式

图6-2-2 "专企融合"的三级学院运行模式

（3）专业共建成果丰硕

专业建设取得了一系列成果：专业获评国家骨干专业、"1+X"证书制度试点院校（云计算平台运维与开发）、浙江省"十三五"优势专业和杭州市新兴专业；专业是中国网络空间安全产教融合联盟副理事长单位，浙江省信息安全产教融合联盟理事长单位，杭州市保密协会副理事长单位（唯一的高职单位），思科网络学院执委单位，华三网络学院浙江省副理事长单位。具体获奖情况如表6-2-1所示，自2017年该专业获得"信息安全管理与评估"赛项国赛三等奖3项，省赛一等奖3项、二等奖2项；"计算机网络应用"赛项省赛二等奖2项，三等奖1项；"计算机芯片级维修与数据恢复"赛项省赛二等奖1项，三等奖1项；H3C杯全国大学生网络大赛省级一等奖4项，二等奖20项；专业教师获得浙江省教师教学能力大赛二等奖1项。此外，专业学生参与G20杭州峰会、厦门金砖峰会、世界互联网大会、第七届世界军人运动会、西湖论剑网络安全大会等国际会议、赛事的网络安保工作，获得政府嘉奖。

表 6-2-1　学生技能大赛获奖情况

赛项	获奖情况
"信息安全管理与评估"赛项	国赛三等奖 3 项，省赛一等奖 3 项、二等奖 2 项
"计算机网络应用"赛项	省赛二等奖 2 项、三等奖 1 项
"计算机芯片级维修与数据恢复"赛项	省赛二等奖 1 项、三等奖 1 项
H3C 杯全国大学生网络大赛	省级一等奖 4 项、二等奖 20 项
浙江省老师教学能力大赛	二等奖 1 项

3. 资源投入

（1）校企共建信息安全实训基地，构筑真实实训环境

校企共建信息安全实训基地，面积 1000 平方米，工位数 270 余个，实训设备总值 1088 万元，设施设备先进。基地提供网络安全、系统管理、数据库安全、网络配置与管理、综合布线与实施等相关实训项目，可以满足学生与社会学习者的实训与培训工作。其中，与安恒公司联合打造杭职—安恒网络安全检测中心，把企业真实安全监控环境引入校内，面向杭州区域内学校、政府、企业等提供 7×24 小时网络安全监管与网站安全运维服务。安恒公司投入 30 万元，并派出技术专家常驻网络安全检测中心，与信息安全与管理专业的教师和学生共同开展网络安全运维服务。同时，安恒公司的大数据智能安全平台，具备全网流量处理异构日志集成、核心数据安全分析、办公应用安全威胁挖掘等前沿大数据智能安全威胁挖掘分析与预警管控能力，可为学校提供全局态势感知和业务不间断稳定运行的安全保障。

（2）依托安恒"风暴中心"，共育信息安全人才

学校与安恒公司网络安全运维中心（"风暴中心"）联合，共建校外实训基地，为学生提供网络安全检测、运维、服务等相关实习岗位，并安排一线技术专家进行指导。学生在校内实训后可直接到"风暴中心"实习，实现了学生从校内生产性实训到企业真实顶岗的无缝衔接。在该合作企业中，为高职学生设置的实践岗位与学生所学专业之间具有紧密的联系，学生在步入实习岗位之后，能将自身所学的专业知识和掌握的专业技术第一时间加以有效应用，确保学生在步入社会后以最短的时间、最快的速度适应工作岗位。

（3）依托双师基地，建设"双师型"专业教学团队

专业教学团队为首批省级教学团队，团队成员中，浙江省高职高专专业带头人2名，浙江省"151"人才工程1名，浙江省计算机教指委委员1名，杭州市"C类"人才1名，杭州市"131"人才工程1名，浙江省访问工程师4名。专任教师均具有职业资格证书，其中CISP（注册信息安全专业人员）讲师3人，CSERE（网络安全应急响应技术工程师）讲师2名。通过与安恒公司共建"双师"培训基地，健全信息安全教师分类培养与管理机制，实施专业带头人和骨干教师培养计划；通过浙江省访问工程师、企业师傅技术指导等，安排专业教师在安恒公司的网络安全监测、维护等岗位兼职或任职，参与企业的产品开发和技术创新等，全面提升专业教师的实践技能。在校企合作模式中，学院聘请了极具影响力的专家共同参与专业教师队伍建设。

4. 合作育人

（1）主导制订学校人才培养方案

校企合作开展信息安全与管理专业工作任务和职业能力分析、人才培养方案的制订与论证等工作，为培养信息安全专业人才打下了良好的基础。

校企共建信息安全与管理专业教学指导委员会，安恒公司高级副总裁刘志乐担任主任委员，深度参与专业人才培养方案的研讨与制订工作。此外，安恒公司与学校共同聘请浙江省公安厅、杭州市经济和信息化委员会、杭州市保密局专家作为专业顾问委员会成员，开展专业人才培养方案评审，指导专业定位与建设方向。在评审会上，与会专家对校企如何联合培养网安人才，服务国家网络安全战略，助推信息安全产业发展提出了宝贵的意见与建议，为信息安全与管理专业的后续人才培养明确了目标、指明了方向。

（2）主导人才培养模式改革

在专业人才培养过程中，校企实施"三三制"人才培养。其中，前三个学期为第一阶段，主要开设专业平台课程、专业核心课程和部分专业拓展课程，培养学生的基本职业能力。在此过程中，安恒公司通过新生始业教育、认知实习、实地参观、专题讲座、兼职授课等方式，参与人才培养。

学校将后三个学期作为第二阶段，针对专业对应的岗位，结合行业发展现状与趋势，以学生职业生涯发展为目标，通过学生与企业的双向选择，有目的地开展分层教学。其中，第一部分学生以"先招生，后招工"的方式，通过选拔，进入安恒公司冠名的现代学徒制班进行学习，毕业后直接进入企业就业。第二部分

学生根据企业需求和岗位能力的要求,进行岗位订单班的培养,培养结束后进入与岗位能力相适应的企业进行实习。第三部分学生通过信息工程学院专业拓展班,为后续就业、岗位拓展提供支持。

(3)主导优化课程体系

学校引入安恒公司网安人才培养标准,构建了"书证融通,能力递进"的课程体系。学生通过考取安恒公司的技能认证证书,可以替换相应的课程学分。同时,学校通过将行业企业认证标准融入专业课程体系,保障了课程的标准化和可操作性。

依托安恒公司在线学习平台("X平台"),参照信息安全行业标准,学校引入安恒公司最新的项目、案例,联合开发信息安全类特色课程。与安恒公司合作开发国家专业教学资源库课程Web应用安全,编写出版《Web渗透与防御》《网络安全管理与技术防护》《Linux网络配置与安全管理》三本教材,保证专业知识与技术的及时更新。

(4)主导开展定制培养

主导开展定制培养旨在提高信息安全人才培养质量,为行业企业输送大批高素质技术技能型人才。学校与安恒公司组建订单班、学徒班4期,重点培养信息安全实施与运维人员,累计培训学员120余人,为杭州信息安全产业提供人才支撑。安恒公司为优秀学员提供学历证书、奖学金和实习岗位,实现了人才培养的闭环。现有29名同学在安恒公司就业与实习,为安恒公司的加速发展提供人才支持,获得安恒公司的一致好评。

(5)主导构建专业课程思政和职业素养教育体系

信息安全行业对人才除了有技能要求外,更注重其思想水平与职业素养。立德树人,将课程思政、职业素养教育等作为高职院校人才培养不可缺失的内容贯穿于整个人才培养的过程。学校以安恒公司为主导,进行了一系列探索和研究,开展了多角度的教育实践。

①课程教学渗透课程思政和职业素养教育

坚持"立德树人"的教学理念,将课程思政和职业素养等内容与专业技能进行有机融合,深化课程改革,优化教学内容、教学方法、考核方法,使教师认识到思政和职业素养教育与专业技能教育在职业教育中有着同等重要的地位,从而使学生的主体地位在课程改革中体现出来。在这一过程中,教师成为引领学生求学和探索的导师,而不仅仅是站在讲台上的知识传播者。学生在教师的指导下进行自主学习，将学到的知识和能力转化为自己内在的职业素养；教师通过观察思考学生的学习行为，可以加深对学生的了解程度，从而可以扩大与学生沟通互动的范围，极大增强了对学生产生的影响。在教学过程中进行课程考核，使学生更加重视学习过程，将职业素养和职业道德作为评价课程学习情况的标准，例如学习态度、团队合作意识、工作任务完成质量等，使职业素养与职业道德教育融入课程教学过程。

②顶岗实习深化课程思政和职业素养教育

顶岗实习是在校生课程思政和职业素养教育最直接和最高效的教学环节。通过让学生解决真实岗位中遇到的问题，帮助其树立正确的人生观和价值观，提升职业素养。与安恒公司的企业导师进行密切合作，及时对学生在工作中遇到的问题进行解答和辅导，让他们懂得哪些该做，哪些不该做，如何才能做得更好，在企业师傅传帮带的作用下，真正实现让课程思政和职业素养教育贯穿于整个人才培养的全过程。

5. 企业收益

合作共赢是校企合作的基础，校企双方签订协议共同建设发展，形成相互依存、相互促进、相互开放的利益共同体。校企合作的一个重要载体是"专企融合"，它具有共同组织、共同管理、共同建设、共享成果、共担风险、共同愿景的特点。杭州安恒信息技术股份有限公司参与杭州职业技术学院人才培养的过程，也是获益良多。

（1）合作办学使安恒公司的公信力和社会影响力不断提升

安恒公司与杭州职业技术学院合作共建安恒信息安全学院，是服务国家网络安全战略、助推杭州"数字经济"建设的迫切需求，是提高信息安全从业人员素质的有效手段，更是打造一流高素质信息安全行业"灰领"队伍的现实需要。学院以培养信息安全人才为己任，在产教融合、校企合作方面积极探索，在学历教育、社会培训、技能大赛、网络安全保障等方面，努力提高信息安全行业人才培养能力，在取得一系列荣誉的同时，做出了品牌。"专企融合"的校企合作方式成为样板，吸引了来自全国各地的职业教育机构前来学习交流。这使安恒公司的公信力得到有效提升，社会影响力不断扩大。

（2）合作为安恒公司发展提供了有力的人才支撑

安恒公司是信息安全行业的领先企业，拥有一流的技术实力，也熟知产业和职业需求。杭州职业技术学院根据企业需求，改革教学模式，优化课程设置，引入企业优质资源，联合培养专业人才，切实满足了企业的用人需求，为行业输送了一大批技能人才。安恒公司主管人力资源的高级副总裁冯旭航认为，杭州职业技术学院的学生专业技能扎实，职业素养高，深受公司同事好评，为安恒公司的快速发展提供了有力的人才支持。

同时，专业教师积极参与企业技术研发与人才培训工作。校企联合申报市厅级课题3项，开展技术攻关。同时，专业教师作为安恒公司的特聘讲师，开展CISP（注册信息安全专业人员）、CSERE（网络安全应急响应技术工程师）等信息安全类社会培训，累计为企业创造了500万元以上的经济效益。

6. 服务地方

（1）培训信息安全高端技能人才

学校与安恒公司联合开展国内顶级安全认证培训，如CISP（注册信息安全专业人员）、CSERE（网络安全应急响应技术工程师）等，由具有资质的专业教师承担核心培训模块任务，为企业培训信息安全领域高技能人才，累计培训学员500余人，成为杭州市信息安全领域人才培养高地；多次承办市级以上大赛，并连续8年承办浙江省大学生职业技能大赛"信息安全管理与评估"赛项，连续3年承办浙江省中职技能大赛"网络空间安全"赛项，并开展相关师资培训与辅导，提升了省内信息安全专业教师的理论、实操等职业技能水平。

（2）提供高水平的网络安全保障服务

校企依托"信息安全产教融合实训基地"，对杭州市政府、企事业单位的网站进行漏洞扫描、可用性监控、篡改监控、木马监控、敏感关键字监控等网络安保工作，监控网站100个以上。学校与安恒公司合作共建"网络信息安全保障"团队，为G20杭州峰会、世界军人运动会、世界互联网大会、云栖大会、"2050"大会、西湖论剑网络安全大会等国内外重大赛事、会议提供信息安全保障服务，获得政府嘉奖。

（二）西子航空工业学院校企合作案例

浙江西子势必锐航空工业有限公司（以下简称"浙江西子航空"）是浙江首家航空装备制造企业，主营业务是承担C919大型客机机体结构件的研制生产及飞机零部件制造等，是中国商飞公司等航空制造企业的合格供应商，并通过了空客、美国普美、德国瑞凯威、美国GE等公司的供应商评审，公司拥有287项特种工艺资质认证。2020年7月，浙江西子航空从空客全球范围内300多家参评的一级供应商中脱颖而出，成为2020年空客冠军供应商，也是中国第一家获得此殊荣的公司。2015年，杭州职业技术学院与浙江西子航空合作成立了西子航空工业学院。

1. 合作成效

产教融合协同发展，丰富了校企共同体内涵。校企共建小实体、大平台建立了利益驱动的长效机制，推动了校企共同体的内涵建设。校企精准对接，成立由5名理事组成的理事会，其中，浙江西子航空2人、杭州职业技术学院2人、友嘉实业集团1人，主要负责讨论和决定西子航空工业学院的招生、经费预算及重大项目立项等事宜。在理事会中，理事长由企业董事长担任，副理事长由学校校长担任，实行理事会领导下的院长负责制，实现了多个层面的对接，建立了院长与企业厂长、专业负责人与车间主任、教师与师傅的三级对接制度，协同解决人才培养过程中课程开发、师傅遴选、教学安排等问题，具体对接联系制度如图6-2-3所示。

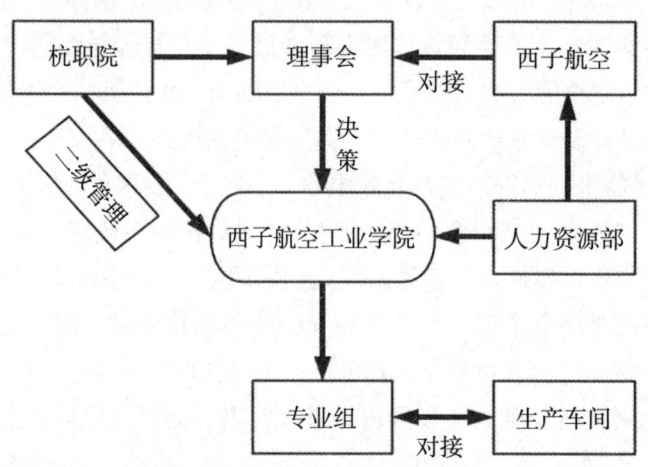

图6-2-3 对接联系制度示意图

育人模式持续创新，建立了国家级现代学徒制试点专业。根据浙江西子航空高端制造类技术技能人才的需求培养学徒，为学徒留企推出优惠政策，既培养了学徒的兴趣，又明确了职业取向，也为双方可持续发展奠定了基础，实现了招生招工一体化的就业模式变革。以机械设计与制造、数控技术、模具设计与制造等专业为核心，在机电类专业群范围内，通过双向选择，在第三学期从普通班学生中进行选拔签约，遴选组建一个20~30人规模的试点班。学生从一年级开始参观认识企业，企业宣讲后学生报名，通过技能测试和面试，企业确定人选，举办开班仪式并发放录取通知书。机械设计与制造专业获评国家级现代学徒制试点院校的三个试点建设专业之一。

办学特色卓越鲜明，培养了一批高端技能应用型人才。以机械设计与制造专业为主体，专业群连续开办6届现代学徒制试点班，校企联合招生招工，选拔出的学生和浙江西子航空签订《西子航空工业学院高端制造类人才培养协议》，明确指出培养对象既是学校的学生，也是企业的准员工。校企共同制订人才培养方案，共同开发航空钣金及铆接装配课程体系，共同实施教学过程，共建师资成立联合教研室，共同培育高端制造业的"金蓝领"。

2. 资源投入

（1）开辟"零号车间"，构筑真实的生产环境

企业专门建立厂中校——"零号车间"作为学徒培训中心，并建立了独具特色的学徒培训体系。在正式上岗前，学徒要在这里接受为期3个月的实操培训及考核，学习定位、装配、钻孔等多项技能。为增加培训的实用性，培训采用的都是1∶1的飞机零部件生产原料。"零号车间"里分布着A320飞机货舱门框装配项目的多道工序，零部件之间的误差要保持在0.04～0.5毫米，才能进入下一步拟检验。对于第一次做这项微调工作的学徒来说，需要3个人微调20天。在一块块标注姓名的铝板上，学徒每天要打500个孔，而钻好一个孔往往需要练习成千上万遍。在"零号车间"中的实践训练磨炼了学徒的耐心，通过日复一日的生产实践，学徒积累了工作经验，提高了工作效率。

（2）建设"校企联合教研室"，探索产教融合新模式

"校企联合教研室"由学校专业教师、企业高级工程师和企业岗位工艺主管组成，对教学工作和实习工作进行过程管理与质量监督。对于参与学校教学工作的企业工程技术人员，以"校企联合教研室"为平台对他们开展教育学、心理学、课堂教学组织与教育教学方法等方面的培训，以保证和提高教学质量；对于参与企业实习教学与管理的学校教师，由企业开展质量管理、生产工艺和企业文化等方面的培训，让他们尽快融入企业，才能对学生进行有效的教学与管理。"校企联合教研室"也是校企联合开展应用技术协同创新的平台，学校的教授团队与企业的能工巧匠团队在这里共同科研攻关，实现企业产品的换代升级。

（3）建立"双导师"团队，实现校企师资互聘共用

将学校教师和企业能工巧匠与岗位师傅等优质资源高度整合，建立了行业师

资库，教学任务由学校专业教师和企业师傅共同承担，形成"双导师"制。企业选拔优秀高技能人才担任师傅，明确师傅的责任和待遇，师傅承担教学任务，并纳入考核，同时享受带徒津贴。就当前学校该专业"双师型"教师队伍建设而言，企业一线工作人员引进情况具体如图6-2-4所示。

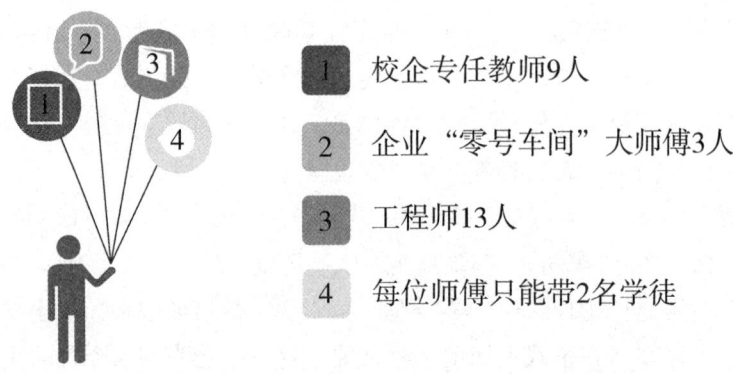

图6-2-4　学校"双师型"教师团队资源共享情况

从图6-2-4所展现出的"双师型"教师团队建设状况可以发现，企业所提供的是一线工作人员，并且工作经验较为丰富的一线工作人员所占份额较大，这无疑为学生职业技能的快速提升增添了砝码。具体而言，该校机械设计与制造专业组成了校企结合的教师团队，校内专任教师有9人，企业"零号车间"大师傅3人，工程师13人（规定每位师傅只能带2名学徒，分布在车间岗位），全程参与学徒的学习。

在培养过程中，师傅除了培养学徒的职业技能，还要帮助学徒养成良好的职业素养。企业安排专业人员担任学徒的辅导员，帮助学徒熟悉工作环境，学徒在企业培训和工作期间遇到任何问题也可以找辅导员寻求帮助。该培训会对学徒进行6项考核：每天军训1小时、每天行为规范、每周实操考核、每月理论考试、每年1次鉴定、每年1次比武，真正做到"规格严格、功夫到家"。

3.合作育人

（1）校企共同商定人才培养方案

根据航空专业领域和职业行动能力的要求，参照行业企业相关的职业资格标准，重构突出专业能力、职业能力和社会能力的人才培养方案。以机械设计与制造国家级现代学徒制专业为引领，专业群通过工作任务与职业能力分析，明晰了岗位定位、完善了人才培养方案。各专业组通过对企业岗位工作任务的收集、解构、重组和提炼，构建了项目化课程体系。同时，通过定期的毕业生回访、专业指导委员会研讨、同类院校相关专业比较分析等方法和途径，实现了人才培养方案和区域主导行业主流企业人才需求的调整。落实"学做合一"课程教学，提高课堂教学效率，各专业主干课程实现完全项目化教学。

（2）校企共同开发现代学徒制特色课程模块

立足航空岗位的技术技能训练和职业素质的养成，以飞机钣金成形工艺与铆接装配技术替代机械加工工艺课程，以航空识图与CATIA替代CAM技术应用课程，以航空基础英语替代机械专业英语。采用"1.5+0.51"的形式，即1.5年为专业基础课程，第四学期开始针对西子航空班开设特色课程，第五学期进入企业培训直至毕业，企业与学校双主体育人，对毕业生进行三证合一的培养，即毕业证书、学历证书及行业证书人才培养方案，着重强化学生职业技能水平的提高。具体课程设置与变更情况如表6-2-2所示。

表6-2-2 机械设计与制造专业第四学期课程明示表

课程性质	原专业课程	航空班课程	原课时数	现课时数	任课教师
理论课	机械加工工艺	飞机钣金成形工艺与铆接装配技术	78	39	企业师傅
	计算机辅助制造（CAM技术应用）	计算机辅助制造（航空识图与GATIA）	78	78	
	机械专业英语	航空基础英语	42	42	企业师傅
	工装夹具设计	工装夹具设计	52	52	企业师傅
	精益制造	精益制造	26	26	
实训课	数控编程与车加工实训	数控编程与车加工实训	3周	3周	学校老师
	工装夹具设计实训	航空装配夹具设计实训	1周	1周	学校老师

（3）校企共同推动现代学徒制课堂革命

一是大力推进现代学徒制教学改革与创新研究，共立项以现代学徒制研究为主要内容的省级教育教学改革项目和课堂教学改革项目4项、校级教改课题10项。

二是实施小班化、班级订单式、现代学徒制、导师制、实训环节分组分批实施,"双师"合作授课等形式多样的课堂教学,课程教学融入企业项目,不断提升课堂教学效果。

三是校企共同承担教学任务,实施工学交替的课堂教学模式,主要分为理论集中授课、企业基础培训、专项技能训练和实际岗位培养四种形式,学生超过一半的时间在企业的真实生产环境中学习。

为了更好地实现教学目标,学校和企业根据各自教学资源的实际情况合作进行课程设计,构建灵活的教学组织形式,定期让学生进入浙江西子航空公司进行调查研究、参与讲座和实习。从大二开始,学生转向专注于工作岗位培养的半工半读模式。大三上学期是专业实习期,学生在专职培训师傅的带领下进行基础技能的培训。大三下学期是顶岗实习期,学生在各岗位工艺人员的带领下进行岗位技能训练和生产性实训。

4. 企业收益

(1) 企业的持续发展获得人才支撑

浙江西子航空现有正式员工300多名,其中27名来自杭州职业技术学院,另有41名准员工,杭州职业技术学院学徒已成为浙江西子航空技术人员的重要来源。已有累计16名员工通过中国商飞公司的技能鉴定,其中7人是一次性通过测试,全部来自杭州职业技术学院学徒班。在学校举办的西子联合奥林匹克技能大赛(西子集团公司内部比赛)上有5名毕业生获奖,有些毕业生与师傅同台竞技,甚至在技能上已经超越了师傅。

学校与西子航空工业有限公司共同培养的学生直接参与C919国产大型客机101架机的重要零部件生产,其中一名学生受邀参加C919国产大型客机首飞现场观礼,成为全国唯一有学生参与C919大型客机项目的高职院校。该案例入选《中国高等职业教育人才培养质量年度报告》。浙江西子航空的事业发展获得了源源不断的高技能人才支撑。有一部分毕业生虽然没有进入浙江西子航空,但投身机械行业的许多毕业生都在不遗余力地为西子的品牌与设备进行推广。

(2) 企业的公信力和影响力愈加彰显

杭州职业技术学院西子航空工业学院成立的5年间,是校企携手共同探索现代学徒制育人模式的5年,也是企业蓬勃发展、不断提高核心竞争力的5年。企业与学校的品牌资源形成互补,学校利用企业的品牌资源扩大了对外影响力,集团将品牌优势转化为学校的教育优势。校企双方品牌优势的整合与转换,成为校企双方携手并进的强劲动力。据不完全统计，5年里，学校接待各级领导、国内外同行以及企业单位来访约300次，逾5000人次。学校成为企业对外宣传的重要平台，浙江西子航空深耕高端制造、培育大国工匠的企业责任感得到越来越多的社会好评。

5. 服务地方

（1）整合专业资源，构建产教融合型工匠培养平台

高端制造业需要高端人才，航空制造业就是高端制造、先进制造的典型代表。大型飞机是目前全世界零部件最多的机器，有400多万个零部件。能把每个零件做精做专，做到世界前列，这不仅需要设备，更需要匠心。浙江西子航空与学校联合办学，为航空制造业输送了高素质技能型专业人才，毕业生已成为企业一线部门的主力军。随着现代学徒制培养的深入，在西子航空各部门累积的杭州职业技术学院的毕业生人数日益增加，学弟拜学长为师，践行"深蓝计划"，实现"青出于蓝而胜于蓝"，推进技术技艺的传授和工匠精神的传承。

（2）发挥技术优势，构建职业教育辐射服务平台

校企合作组建应用技术协同创新中心，围绕高精密大构件航空零部件五轴加工领域的应用技术研究、技改攻关，通过企业委托、合作研发、科技咨询等形式，校企合作技术攻关课题39项，成果转让1项。校企共同派遣技改服务队参加杭州市"百千万"活动，获得市"调研之星""破难之星"称号。开发面向企业和社会的航空高端零部件加工模块培训教材和培训资源包，建成包括专业标准库、课程资源库、先进制造素材库的高端装备制造专业群教学资源库，为企业提供员工学历提升的机会。

四、广西建设职业技术学院案例

（一）产教创融，校企协同打造双主体育人新范式

近年来，广西建设职业技术学院聚力改革创新，紧贴产业发展，深度推进产教融合、工学结合，聚焦"大众创业，万众创新"国家战略，不断深化"双创"教育，探索建立了"产教创"融合一体化育人机制。

作为一种新型育人模式，实践教育与创新创业教育相互融合是"产教创"融合一体化进程中必不可少的一环。"产教创"融合一体化的实质是通过建立"政行企校"协同教育共同体，形成一种将教育教学、生产经营、创新创业融为一体

的综合教育机制，将创新创业的理念和实践纳入教学过程中，为教育教学、生产经营、创新创业三者之间的深度融合、相互促进创造条件。广西建设职业技术学院的"产教创一体化"育人是对传统"校企合作、工学结合"育人模式的深化和提升，是服务发展、促进就业，激发学生创业热情，提升学生创新动力，培养具有创新精神和创新素质的技术技能人才，助推高等职业教育高质量发展的重要举措。

1. 协同统筹机制

该校以"双高计划"项目建设为契机，借助政府和企业的力量以及各个方面的资源，共同打造了一个集实践、教学和创业于一体的综合性育人平台。该校的各个部门、二级学院和企业共同参与管理，共同制定科学具体的"产教创"融合政策制度，建立"生产经营规范""教师职责""生产实现守则""创新创业规范"等一系列规章制度，明确校企双方各自的权利和义务，实施协同统筹管理机制，健全创新创业训练体系，完善创新创业训练平台，加强创新创业导师队伍建设，兼顾各方的个体利益与集体利益，积极保障创新创业的实践，有效提高合作的积极性和成效性。

2. 动力激励机制

在实施"产教创一体化"育人过程中，对于承担"产教创"教学任务、支持学生创新创业项目和愿意承包给学生部分生产经营业务的企业，给予一定的经费补贴，在政府组织的校企合作项目申报中优先申报，优先选择合作企业人员聘用为企业导师；对教师在评奖评优、绩效考核、参加培训等方面给予一定的政策倾斜；对创新创业的学生，在资金上提供一定的补助，并实施学分累计和转换认定制度，为学生在学习的同时创造一个良好的创新创业环境。除此之外，学校还成立了专门的基金会，对各创新创业项目的实际运营状况进行考核，以此作为分配资金的依据。对于运营状况良好的项目，学生毕业后还可以继续使用这些基金，积极促进项目成果转化；对于运营状况较差的项目，学生毕业后将不会再有基金分配。

（二）"产教创"融合、校企合作的主要做法

该校以产业转型升级为背景，紧跟建筑信息化、工业化、智能化、绿色化等发展趋势，围绕 BIM（建筑信息模型）和装配式建筑等高端产业，深化教育教学改革和产教融合、校企合作，积极和企业进行深度合作，建成科技成果转化中心，

专注于解决科技成果转化难的问题,将"产业学院"的运营模式深入"三区—平台—空间—中心",形成覆盖全要素、全链条的产教创一体化综合工作体系。三区指的是具有创业教育功能的创业教育区,具有创业孵化功能的创业孵化区,具有创业发展功能的成长型企业区;平台指的是具有创业服务功能的综合服务平台;空间指的是具有创业土壤功能的众创空间;中心指的是具有成果转化功能的科技成果转化中心。

1. 对接产业,全方位搭建校企合作平台

坚持深层次校企合作,搭建"产教创"融合育人平台。在"双创贯通"路径中,产业的介入十分必要。2011年,该校在广西率先成立"校企合作发展理事会",搭建起"政行校企"共商合作发展的优质平台。2015年,该校获批成为全区高等教育"产教融合、校企合作"单项改革试点院校,牵头成立了广西建设职业教育集团,并于2020年入选全国第一批示范性职业教育集团(联盟)培育单位。该校依托建筑工程技术等优势专业,与职教集团成员单位联合成立了智能建造等三个产业学院。理事会、职教集团和产业学院构成该校多维度融合的校企合作平台。此外,主管单位广西住房和城乡建设厅还将广西建筑科学研究设计院、广西城乡规划设计院及其全资子公司整体划归该校,使该校天然就具备"产教融合"的优势。该校以深化产教融合、校企合作作为改革发展的抓手,加强与地方政府、产业园区、行业企业深度合作,对接技术发展趋势和市场需求,建设集科技开发与咨询、技术推广与服务、人才培养与就业等功能于一体的产教融合育人平台,多渠道、多形式打造技术技能人才培养高地、技术研发成果推广聚集地。身处产教融合的大环境中,该校坚持实施"双创贯通"战略。"双创贯通"的主要内容包括:文化贯通、课程贯通、孵化贯通、平台贯通、实践贯通;建立健全课堂教学、指导帮扶、自主学习、文化引领、结合实践、平台对接相互融合的教育体系;促进创新、创业、创意教育一体化,构筑"众创空间—实训基地—孵化器—加速器—产业区"的先进实践载体。

2. 引企入教,有效推动校企双主体协同育人

校企合作深度不足是校企合作发展至今一直面临的问题。为解决这一难点,该校积极引入企业到职业教育中来,建立校中厂、厂中校。这些年来,该校一直积极探索符合职业教育特点、突出职业教育特色的多种产教融合模式,如引企入校等,努力实现校企深度合作的"七个共同";将广西华业建筑工程有限公司、

广西盛元华工程造价咨询有限公司等10余家企业引入校园，成立多个设计院、研究中心和"校中厂"，通过真实的工作岗位、职场氛围和企业文化，提升了教学过程的实用性、开放性和专业性，实现了产教融合、文化融合、教研融合，形成校企合作"一体三合"。2015年，该校成为全国首批现代学徒制试点单位，与广西华蓝建筑装饰工程有限公司共同投资近2000万元，打造现代学徒制"学校工厂"。2018年，该校与广西建筑科学研究设计院、广西建工集团第三建筑工程有限公司联合投资近3000万元，成立了以云架构为基础的BIM技术创新发展研究中心，打造了集线上线下学习培训、认证、工程服务、科研于一体的服务平台。2019—2020年，学校先后与桂林市建昌建设有限公司、广西中泰建筑工程发展有限公司合作，建立了"建昌班"和"中泰班"，让来自贫困家庭的学生进入其中学习。"职教扶贫＋现代学徒制"实现了"五个精准"人才培养模式改革的创新。

3. 专创融合，构建赛训融通体系

将"双创"教育纳入教学过程中，让职业院校学生在真实的生产环境中通过极具实践性的"双创"项目，提高他们的"双创"能力。在教学过程中，以产业的发展和资源以及市场需求为基础，在创新成果形成、创新成果推广应用、创意生成等方面融入生产实践内容。从产业角度来看，一方面，在"双创"教育下，职业院校学生有机会深入基层，发现生产过程中的问题和需求，运用专业知识和技能寻找解决问题的方法，并通过生产实践的方式验证该方案是否可以真正落地实施。另一方面，学生在生产实践中实际运用自己的创新成果，可以实现自身价值和社会价值。从教学角度来看，基于各类专业课程的内容和特点，探索并整合与课程相关的创新创业元素，通过校企合作，为学生提供真实的生产实践环境进行"双创"活动，能更好地培养学生的创新意识和创业精神。厚植"双创"人才成长沃土，深化创新创业教育改革发展。一是以大赛为抓手，在土木工程、道路桥梁、建筑规划、艺术设计等多个专业领域深入挖掘培育了53个"金种子"项目。该校荣获国家金奖的"白色森林儿童美术"项目，就是2019年的"金种子"项目。二是积极利用驻校企业创新创业实践训练平台，孵化培育"金种子"项目。如为建筑进城务工人员提供"建筑职业技能培训＋职业证书＋就业推荐"的一站式服务模式受到了人民网、光明网、广西新闻网等14家媒体报道，入选2019年"全国志愿者扶贫典型案例50佳"。

第三节 服务管理类校企合作案例

一、浙江旅游职业学院案例

近年来,高职院校越来越重视"双师型"师资团队的培育,通过专兼职教师的相互融合,由学校、企业、教师三方共同配合来完成专业师资培养项目。在培养过程中,尤其需要关注师资团队的组成方式、对高等教育的益处、对于专业学生的培养成效、有高质量成果的产出以及教师团队培育的创新特点,最终通过教师能力的提升来实现高职院校专业人才培养的目标。

浙江旅游职业学院与国际知名邮轮企业联合打造了"基于校企合作的专业师资团队培养项目",旨在提升职业院校专任教师能力和企业兼职教师素质。学校和企业签署了合作协议,提出学校和企业支持职业院校专任教师到企业进行在职培训,以及聘请行业兼职教师进入学校教学等内容。同时,制定了专任教师在职培训和行业兼职教师管理考核办法,建立了专业教师联合培养机制。培训项目安排了10名专业教师接受企业培训课程"Train the Trainer course"(培训师培训课程),让教师登上邮轮进行在职实践培训,将10余名中外邮轮企业管理和服务人员引入学校参与实践教学,通过建立交流学习平台,让两类教师相互学习、相互促进,加快教师队伍转型,促进专业教师队伍培养。学校在制定并实施专兼职教师管理制度和培训方法过程中融入专业特色,引进了国际邮轮企业培训师培训体系和质量要求,以促进专业师资队伍建设。为了促进"双师型"教师成长,丰富优质行业兼职教师队伍,提升教师教学能力和企业员工培训能力,学校积极与外企合作,共同开发教师团队培训项目内容,将所有核心专业理论教师和技能课程教师培养成不仅可以承担专业课程的教学,还可以作为邮轮公司的培训师参与企业员工培训项目的全能型教师。专任教师的主要任务是参与课堂教学和企业培训服务,并选择各自的专业领域作为研究方向,以增强他们的科研能力,特别是在可以与企业合作的研究方面。

邮轮专业教学团队培训基地在国际知名邮轮企业与学校的合作中建立起来,目的是重点培养一支符合职业院校人才培养要求、兼具专业理论知识和行业实践技能的专业教师队伍。该教师团队的建设重点是发挥团队的整体优势,所以,团队成员具有跨部门、跨专业、校企协同的特点。一方面培养专业教师的行业知识和实践服务能力，另一方面培养行业兼职教师的教学方法和能力，实现"学做融合"和"实践提升"。

（一）项目对于高等教育的益处

在学校国际邮轮乘务管理专业的建立和完善过程中，"基于校企合作的专业师资团队培养项目"扮演着至关重要的角色。该专业拥有教学效果好、人才培养质量高的双师教学团队，成为全国首个通过联合国世界旅游组织旅游教育质量认证的专业，在一定程度上可以影响、带动其他教学团队共同进步。通过在职培训、企业兼职等形式，专业教师可以快速融入行业企业和社会，从而在短时间内全面提高双师素质。截至 2022 年，培训计划中完成专业教师培训的比例为 100%，该团队的全体教师均接受过国际化教育，其国际化水平在全国同类专业中名列前茅。该项目已为国际邮轮企业输送 1000 多名中外员工，在世界范围内占据着独一无二的地位。师资队伍的国际化是专业教学的基石，是开展国际教科研合作的前提，是实现学生实习就业国际化的桥梁，是提升专业国际化水平的保障。

（二）项目建设成果

在国际化成果方面，国际知名邮轮企业针对学校专业教师持续开展"邮轮企业师资培训"。通过培训，许多专任教师具备了成为企业培训师的能力，许多酒店部门经理和优秀服务人员具备了成为学校兼职教师的能力。校企双方合作开设了培训师培训课程、邮轮师资船上定岗培训课程、邮轮师资船上安全培训课程等。在这个过程中，校内邮轮员工培训中心为 1000 多名企业员工提供了培训服务，并且培训中心的企业培训师还出国为企业培训外籍员工。在接受培训的过程中，专任教师接受了国际化职业教育理念，了解了国际企业文化和邮轮行业特点。在国内成果方面，从 2020 年起，专任教师通过"中船集团'1+X'邮轮运营服务技能证书师资培训"项目，陆续加入中国邮轮储备船员的培养师资队伍中，教师与行业共同修订了邮轮运营服务技能证书标准，并参与编写了考证教材。

（三）项目针对学生的培养成效

在实习期间，超过一半的学生进入了国际邮轮企业，剩下的学生也进入了国际化酒店。本校该专业毕业生的就业匹配率在省内学校中一马当先。学校将国际邮轮企业员工英语水平评估标准和企业员工英语水平测试题库作为专业教学的内容，同时配合学校全英语教学和大量双语课程，以提升学生英语水平。经过 10

年的发展,学生的英语水平得到全面提高,并在国家和省级各类技能和学科竞赛中获奖。通过参加美国的短期带薪实习,迪拜、英国、马尔代夫的在职实习和管培生项目,以及国际邮轮实习项目,学生可以走向世界。于此,学生的海外实习比例逐年上升,学生国际化水平整体较高。

(四)项目创新性特点

"基于校企合作的专业师资团队培养项目"采用专兼职教师团队一体化培养的模式,旨在解决院校专业教师实践经验和行业知识匮乏的问题,快速形成一支能提高学生素质、满足行业企业需求的教师团队。学校在制定并实施专兼职教师管理制度和培训方法过程中融入专业特色,引进了国际邮轮企业培训师培训体系和质量要求,以促进专业师资队伍建设。"双师型"教师培养项目的实施,不仅确保了本专业教师特别是高水平教师可以在教学和行业培训服务方面投入更多精力。专任教师可以选择各自的优势作为研究方向,以增强科研能力。

为了使学生学习更加系统和专业的知识和技能,院校和企业使用统一的专任教师和企业培训师的聘用和培训标准,课程教学任务可分阶段进行,可以由专任教师和企业派遣的行业培训师合作协调,分阶段完成教学任务。

二、武汉职业技术学院案例

校企合作是职业院校与企业联合培养人才的一种模式,要求学校和企业共同参与人才培养的全过程。这是当前职业院校人才培养的趋势。深化校企合作是我国高等职业技术教育改革发展的根本途径,也是职业院校生存发展的内在需要。科学构建校企合作模式是一项复杂、系统、综合的工程,只有统筹兼顾、科学协调,才能实现促进高职院校校企合作的有效开展。

随着汽车销量和保有量的不断增长,汽车后市场急需知识更新或高技能人才;同时随着汽车后服务的延伸,与汽车维修相关的汽车保险与理赔、二手车鉴定与评估等岗位人员的需求量也在迅速增大。湖北贤良汽车投资有限公司与武汉职业技术学院共同调研,明确地方经济发展对汽车后市场人才培养规格的要求,签订校企合作协议,在武汉职业技术学院建立实体经营汽车销售服务店——北京现代华星天佑4S店,共同申报建设汽车检测与维修技术专业,使本专业设置与当地的产业结构相吻合,促进校企深度融合。学校与北京现代华星天佑4S店共建计划、共建课程、共建师资、共谋就业等措施,通过全面合作,取得了显著的成效。

（一）与企业对接共育人才，共同探讨人才培养方案

学校与企业深入沟通合作是保证其所培养的人才符合企业需要的必要条件。行业专家、企业技术权威、岗位能手与学校骨干教师，共同组成了专业建设指导委员会，聘请湖北贤良汽车投资有限公司董事长胡为胜担任专业建设指导委员会主任委员，武汉华星天佑汽车销售服务有限公司杨顺芳总经理、袁瑛瑛售后总监任委员。以企业需求为导向，企业直接参与人才培养方案的审定，学校及时将最先进的技术纳入培养领域，了解社会需求，不断改进学校的培养内容和方式、管理等工作。充分发挥校企合作优势共同开发课程和实施人才培养方案，做到专业设置与企业用人标准对接，使学校发展始终紧跟行业需求，每年不定期召开专业指导委员会研讨会，确立培养目标和人才规格，共商制订人才培养方案。在教学系统与4S店之间建立"双向互动"的管理运行机制，在"校企一体"平台上、"产教结合"环境中提高人才培养水平。积极推进"产教结合，校企合一"，探索"校中店"教学模式，将4S店管理的质量意识、经营意识、竞争意识迁移到学校的教学中来。先进的企业管理理念的引进，促使学生养成了良好的行为习惯，推动学校创新管理制度，实现了学生学习与就业同步。学生以"职业人"的身份在4S店实训，直接在第一线顶岗训练完成适量的生产定额和工作任务。通过真实企业环境与企业氛围的感染和熏陶，职业岗位实境的操作训练，学生可以掌握过硬的动手能力，了解企业生产与管理的基本规则，达到"应知、应会"的基本能力要求，初步养成"朴实、踏实、务实，能干、肯干、会干"的职业素质。在整个过程中，学生既有学习的压力，又有员工的责任意识，实现了在工作实践中学习成长。

（二）与就业岗位对接设置课程，全面优化课程体系

课程体系是人才培养方案的核心组成部分，是按照一定的组织结构，为实现专业人才培养的目标而构建的支撑框架，包括教学内容和教学过程。课程体系建设应以高技能人才培养和职业教育特色为核心，把企业的需求作为教学的内容；根据企业岗位需求及时调整课程设置，改革教学内容与方法，全面优化课程结构；按照专业人才培养目标的要求，明确一般能力与专业核心能力；在重视培养学生基本文化素养的同时，以培养应用技术能力和操作技能为主线，对课程内容进行改革；围绕专业核心能力的培养形成课程体系，构建该专业的基本知识模块、专业课程模块和实训模块；在专业建设指导委员会的领导下，制定以综合素质和高技能人才能力为主线，充分体现高职教育特色的课程体系。

（三）与4S店维修车间无缝对接，实行实境训教

在实践中，应以工作过程为导向，以典型工作任务分析为依据，以真实工作任务为载体，与企业共建教学环境。在校企合作办学的实践中，校企共建实训基地，由4S店的专家、技师根据教学内容现场指导实训课程。学生在4S店实境中体验、利用其丰富、先进的设备来进一步完成实践环节的学习和技能训练，真正实现教学与岗位、专业与职业、课堂与企业、训练与生产的四个无缝对接。同时，通过实境教学，重点开发专业课程内容，使专业核心课程教学内容来自企业工作过程或岗位活动，使教学活动成为企业岗位活动的再现，实现教学内容与企业对接、教学环境模仿企业场景，解决了以往理论教学枯燥乏味的问题。

（四）与4S店技师对接抓师资，强化"双师型"教师队伍建设

职业教育对教师有特定要求，特别是专业教师必须达到"双师"素质。一流的教师支撑一流的专业，一流的专业支撑一流的学校。通过校企深度融合，一方面学校派教师到4S店挂职锻炼，要求专业教师每年必须去4S店完成一定时间的实践培训，并要求取得相应的职业资格证书。另一方面聘请职业素质好、知识水平高、有扎实专业技术功底和熟练操作技能的工人师傅、技术人员进课堂，视同学校专业教师，担任理论教学、实训指导教师，搭建人才交流平台。这样一来，有利于使企业技师与学校专业教师融为一体，实现校企人才互通，从而形成校企人才交流特色，加快"双师型"教师队伍建设，有效提高教育教学水平。在教学实施过程中，根据专业人才培养方案，编制实习教学大纲和技能训练教材，由专业技术人员现场讲授车间生产流程典型实训教学内容；在实习方法上，坚持"理论与实践相结合、教育与生产相结合、实习实训与企业生产相结合"的"三结合"教学形式，采用"讲练结合、精讲多练、以练为主，轮换工种实习与固定工种实习相结合，以固定工种实习为主"的实习模式。

（五）实行订单式培养，岗位零距离对接

以服务企业为宗旨，以市场需求为导向，积极探索"订单培养"模式，努力做到办学保持与企业的"零距离"对接，使学生"进得来、学得好、出得去"，培养适应经济社会发展需求的高技能应用型人才。几年来，每年新生入学后，学校与北京华星天佑4S店及时组织学生的面试，根据学生的兴趣爱好、特长，制订职业规划，做到因材施教、因人施教，实行订单式培养，使学生提升了学习兴

趣，发挥了学习潜能，提高了教学质量。学校定期通过召开由企业领导、订单培养学生参加的座谈会，定期邀请企业负责人来校给订单培养学生进行专题讲座，介绍企业文化、发展情况等，以此调整学生的职业心态，帮助学生了解企业文化、熟悉企业的规章制度，强化学生对企业的认同，培养学生的主人翁责任感和敬业精神，增强学生对企业的归属感和奉献意识，有利于学生人文素质的培养。

（六）激励学生学习，设立"湖北贤良汽车"奖学金

湖北贤良汽车投资有限公司为了促进学校汽车检测与维修技术专业的发展，贯彻党的教育方针，实施《中国教育改革和发展纲要》，激励广大学生奋发向上，促进学生德、智、体、美全面发展，成为有理想、有道德、有文化、有纪律的合格人才，每年提供3万元资金，设立"湖北贤良汽车"专业奖学金，奖励学习成绩好、综合素质表现优的学生，激发了学生对专业的热爱。

三、石家庄铁路职业技术学院案例

石家庄铁路职业技术学院坚持立德树人，用心打造"1234"就业育人模式：坚持就业"一把手"工程，实施学院和企业双主体就业育人，强化校内就业育人服务线、校外就业创业导师服务线和大学生社团朋辈引导服务线三线同频互动，搭建了就业信息化、企业名家名匠讲坛、心理健康教育、创新创业四个平台。

（一）坚持"一把手"工程，实现校企就业育人制度化

学院党政一把手担任就业工作领导小组组长，各系主任、党总支书记为本系就业工作第一责任人，毕业班辅导员为直接责任人，强化"院领导包系，系领导包班"的责任体系，形成学院全员抓就业、促就业的工作格局。学院先后出台《校企合作管理办法》《企业兼职教师管理办法》《就业教师联系企业制度》等多项与就业相关的制度文件，为校企共同就业育人的顺利实施提供了制度保障。

（二）实施校企双主体协同育人，促进就业育人特色化

精准对接企业的人才需求，实施双主体就业育人，培养"适销对路"的高素质技术技能人才。学院与中国国家铁路集团有限公司下属18个铁路局开展"2+1"定向培养工作。在第三学年，校企双方根据毕业生拟从事工种和《铁路特有工种技能培训规范》设计教学计划，共同开展岗前理论培训与跟班实习，学生毕业前考取铁路岗位职业资格证，实现毕业即可上岗。这种就业育人模式快速缓解了铁

路用工压力，促进了人岗匹配，提升了人力资源使用率。学院与石家庄、洛阳、深圳等轨道交通有限责任公司，中国铁建、中国中铁、中国建筑等央企的工程局开展订单式培养，打造全程式（入学即组班）、中期（第二学年组班）及一年制订单班的培养模式，按照企业的需求组建班级，将人才培养方案植入企业相关课程，校企双方共同授课，企业人员全程参与培养，实现了"企业文化进校园""企业案例进教材""一线师傅进课堂""人才培养进企业"，学生毕业和上岗无缝对接，为轨道交通行业培养了合格的技术技能型人才。学院与康旅产业集团积极探索省级混合所有制办学，成立康旅产业学院，校企共派师资和管理人员完成人才培养，与订单班不同，学生毕业后可以在康旅产业集团就业，也可以选择其他的就业单位。因此，学院既开设了常规就业指导课程，又加入了康旅产业集团的企业文化、企业理念等专题指导，满足了不同就业方向学生的就业指导需求。校企双主体协同育人模式，既使学生及时了解了行业企业的需求，又解决了教学内容和现场操作脱节的问题，学生真正掌握了技术技能，实现了教学和生产现场需求无缝衔接。

（三）强化三条就业服务线互动，实现就业育人多元化

构建校内就业育人、校外就业创业导师、大学生社团朋辈引导三条就业服务线，实现三线同向同频互动协同育人机制。

校内就业指导教师针对不同年级的学生开展不同内容、不同方式的全过程就业育人服务，学院开设"职业生涯规划""高职生大学生就业指导""创新创业教育""高职生心理健康""轨道运输心理学"等课程。就业指导教师不断与用人企业、校友等沟通交流，及时了解行业企业的发展需求，提高就业指导的针对性和实用性。

学院选聘行业专家、优秀用人单位专家、人力资源部负责人、优秀校友和企业一线技能大师建立校外就业创业指导教师专家库。校外导师为大学生做就业形势分析、行业企业发展分析、职业生涯发展规划、实习实践指导等。通过高校社团这个载体，将就业育人内化为学生的自觉行为。学院大学生招生与就业协会由学院和企业专业人员共同指导，由学院招生与就业协会、院系分会、班级就业信息员三级组成。招生与就业协会为企业提供标准化的校园招聘服务，为学生提供多元化就业指导互助活动，是连接企业、学校、学生，发挥桥梁纽带作用的学生组织。学院聘请企业导师为协会成员开展能力培训，组建学生讲师团。讲师团成员在系担任就业信息员，协助系开展就业组织活动。招生与就业协会每年跟随就

业指导教师开展"名企行"活动，走进各铁路局、中铁建、中铁等下属各工程局开展座谈交流、人物访谈、实地调研，向企业推介学校招聘政策和毕业生。

（四）搭建就业创业四个合作平台，实现就业育人多样化

搭建就业信息化、企业名家名匠讲坛、心理健康教育、创新创业四个平台，提供就业信息咨询及招聘信息发布、行业企业认知、面试技巧培训、心理辅导、就业困难帮扶及创新创业指导等多样化服务。

在此过程中，学院充分发挥行业企业、学校、学生等各方面的合力，依托良好的合作平台，共同培养适销对路的技术技能人才，不仅促进了学生的就业，也促进了校企合作的深入发展。

参考文献

[1] 姜大源. 当代世界职业教育发展趋势研究 [M]. 北京：电子工业出版社，2012.

[2] 于莉，王颖，孙长远. 职业教育校企合作的理论与实践 [M]. 长春：吉林人民出版社，2021.

[3] 兰小云. 行业高职院校校企合作机制研究 [M]. 上海：上海教育出版社，2021.

[4] 伍俊晖，刘芬. 校企合作办学治理与创新研究 [M]. 长春：吉林大学出版社，2020.

[5] 卢竹，卢笛. 混合所有制高职院校保障机制与校企合作实践 [M]. 北京：中国商业出版社，2022.

[6] 孙健，俞洋. 治理视域下职业教育校企合作模式研究 [M]. 苏州：苏州大学出版社，2021.

[7] 易露霞. 应用型民办高校校企合作探索与实践 [M]. 北京：北京理工大学出版社，2020.

[8] 贾文胜. 职业教育校企合作机制及政策保障研究 [M]. 北京：中国商务出版社，2019.

[9] 邹卒. 新建本科院校校企合作协同创新人才培养模式研究与实践 [M]. 成都：电子科技大学出版社，2019.

[10] 殷林森，杨超. 基于校企合作的金融科技人才培养模式与专业建设研究 [M]. 北京：中国经济出版社，2023.

[11] 左冰，吴公博. 校企合作背景下物流人才培养策略分析 [J]. 中国物流与采购，2023（21）：99-100.

[12] 王晶，孟君玲，冯静东，等. 地方高校应用化学专业"校企合作"人才培养模式可持续发展及效果评价研究 [J]. 化工管理，2023（31）：32-35.

[13] 陈杰. 基于现代学徒制五年制高职校企协同育人机制研究 [J]. 卫生职业教育，2023，41（21）：13-16.

[14] 李梓瑄，张旭.应用型高校朝鲜语专业校企合作模式建设探究[J].长春教育学院学报，2023，39（5）：100-105.

[15] 李佩弦.命运共同体视域下军工人才校企合作培养模式研究[J].北京城市学院学报，2023（5）：96-100.

[16] 罗维，刘欣，罗晓君.地方本科院校校企合作模式探索——以湖南工学院为例[J].怀化学院学报，2023，42（5）：119-122.

[17] 苏培森，李玉保，宋勇，等.新农科背景下智慧农业专业校企合作人才培养模式探索——以聊城大学为例[J].智慧农业导刊，2023，3（18）：9-12.

[18] 陈涛，夏万杰.乡村振兴背景下高职院校艺术设计专业群校企合作创新模式研究[J].美术教育研究，2023（20）：121-123.

[19] 周丽亚，马丽，刘运亭，等.生物工程专业校企合作模式探索与实践[J].化工时刊，2023，37（5）：56-58，82.

[20] 付文，黄卓杭，黄晓燕，等.校企联合人才培养模式的思考[J].生物化工，2023，9（5）：156-159.

[21] 程媛.江西省高职院校校企合作模式研究[D].南昌：江西师范大学，2021.

[22] 何冬妮.校企合作模式下高职学生职业关键能力培养的研究[D].桂林：广西师范大学，2017.

[23] 刘杰.高职院校校企合作人才培养模式的现状、问题与对策研究[D].桂林：广西师范大学，2017.

[24] 杨伟桥.工学结合校企合作人才培养模式研究[D].武汉：湖北工业大学，2016.

[25] 张莹.中美两国校企合作人才培养模式的比较研究[D].广州：广东技术师范学院，2016.

[26] 李攀.地方本科院校转型背景下校企合作办学模式研究[D].秦皇岛：河北科技师范学院，2015.

[27] 刘钊.高职院校校企合作模式研究[D].咸阳：西北农林科技大学，2015.

[28] 牟青.高职院校酒店管理专业校企合作人才培养模式探析[D].济南：山东大学，2013.

[29] 李冉.国内外本科层面校企合作教育模式的比较研究[D].南宁：广西大学，2013.

[30] 李云飞.机械制造技术专业校企合作人才培养模式研究[D].沈阳：沈阳师范大学，2013.